박문각

핵심이론과 함께하는

파이널 패스 100제

박문각 공인중개사

강철의 부동산공시법령

이 책의 차례

PART 01 공간정보의 구축 및 관리에 관한 법 · · · · 4

PART 02 부동산등기법 · · · · 68

정답 · · · · 133

PART 03 복습문제 · · · · 136
복습문제 정답 · · · · 182

공간정보의 구축 및 관리에 관한 법

제1장 토지의 등록

핵심테마 1 지번 : 본번(7, 8) or 부번(−1, −2)

(1) 신규등록 및 등록전환 토지의 지번부여방법

원 칙	그 지번부여지역의 **인접토지의 본번**에 부번을 붙여서 부여한다. 암기 등신, 부는
예 외	다음의 경우에는 그 지번부여지역의 **최종 본번의 다음 순번**부터 본번으로 하여 순차적으로 지번을 부여할 수 있다.(=자유식) ① 대상 토지가 여러 **필지**인 경우 ② 대상 토지가 그 지번부여지역의 **최종 지번의 토지에 인접**하여 있는 경우 ③ 대상 토지가 이미 등록된 토지와 멀리 **떨어져** 있어 등록된 토지의 본번에 부번을 부여하는 것이 불합리한 경우 암기 여인, 멀리해야 자유롭다(=본번)

(2) 분할하는 토지의 지번부여방법

원 칙	① 분할 후의 필지 중 1필지는 분할 전 지번으로 하고, ② 나머지 필지는 본번의 **최종 부번의 다음 순번**으로 부번을 부여한다. 암기 분할은 부부
예 외	이 경우 주거·사무실 등의 **건축물이 있는 필지**에 대하여는 분할 전의 지번을 우선하여 부여하여야 한다.

(3) 합병하는 토지의 지번부여방법

원 칙	합병 대상 지번 중 선순위 지번으로 하되, 본번으로 된 지번이 있을 때에는 본번 중 선순위 지번을 합병 후의 지번으로 한다.
예 외	이 경우 **토지소유자**가 합병 전의 필지에 주거·사무실 등의 **건축물**이 있어서 그 건축물이 위치한 지번을 합병 후의 지번으로 신청할 때에는 그 지번을 합병 후의 지번으로 부여하여야 한다. 암기 병, 신

⑷ 도시개발사업시행지역(지적확정측량 실시지역)의 지번부여방법

원 칙	도시개발사업 등이 완료됨에 따라 지적확정측량을 실시한 지역의 각 필지에 지번을 새로 부여하는 경우에는 다음 각목의 지번을 제외한 **종전지번 중 본번으로** 부여한다. ① 지적확정측량을 실시한 지역의 종전의 지번과 지적확정측량을 실시한 지역 밖에 있는 본번이 같은 지번이 있을 때에는 그 지번은 제외된다. ② 지적확정측량을 실시한 지역의 **경계에** 걸쳐 있는 지번은 **제외**된다.
예 외	다만, 부여할 수 있는 종전 지번의 수가 새로 부여할 지번의 수보다 적은 때에는 ① **블록 단위로** 하나의 본번을 부여한 후 필지별로 부번을 부여하거나, ② 그 지번부여지역의 **최종 본번의 다음 순번부터** 본번으로 하여 지번을 부여할 수 있다 (자유식).
준 용	다음의 경우에는 **지적확정측량** 실시지역의 지번부여방법을 **준용**한다. ① 지번부여지역 안의 **지번을 변경** 할 때＝시, 도지사의 승인 ② **축척변경** 시행지역의 필지에 지번을 부여할 때＝시, 도지사의 승인 ③ **행정 구역 개편**에 따라 새로 지번을 부여할 때 〔암기〕 ㉩, ㉰, ㉭, 본번으로 확정됐다.

⑸ 지번변경

① 의의	**지적소관청(소유자신청×)은** 지적공부에 등록된 지번을 변경할 필요가 있다고 인정하면 **시 · 도지사나 대도시 시장의 승인**을 받아 지번부여지역의 전부 또는 일부에 대하여 지번을 새로부여할 수 있다.
② 승인 신청	지적소관청은 지번을 변경하려면 지번변경 사유를 적은 승인신청서에 지번변경 대상지역의 지번 · 지목 · 면적 · 소유자에 대한 상세한 내용을 기재하여 시 · 도지사 또는 대도시 시장에게 제출
③ 통지	시, 도지사 또는 대도시장은 지번변경사유를 심사한 후 그 결과를 지적소관청에 통지하여야 한다.
④ 지번부여방법	지적확정측량방법 준용(종전지번 중 본번만으로)
⑤ 등기 촉탁	지적소관청은 지번을 변경 후 토지소유자에게 통지하고, 등기소에 등기촉탁한다.

⬡ 토지이동에 따른 지번의 부여

1. 신규등록 = 등록전환 :	원칙		인접토지의 본번에 **부번**
	예외		최종 본번 다음 본번 : 여러, 인접, 멀리
2. 분할	원칙		최종 부번의 다음 순번의 **부번**
	예외		건축물 + **우선**
3. 합병	원칙		본번 중 선 순위
	예외		건축물 + **신청**
4. 지적확정측량 = 도시개발사업지역	원칙		종전 지번 중 **본번**(단, 밖에, 경계는 제외)
	준용		**지번변경, 축척변경, 행정구역개편시**

토지이동시 지번부여방법
1. 등,신, 분할은 ~ 부번이 원칙이다 (등록전환, 신규등록, 분할은 ~ 부번이 원칙이다)
2. 여,인,멀리 는 본번이다 (여러필지, 최종지번에 인접, 멀리떨어짐은 최종본번의 다음순번의 본번을 부여할 수 있다)
3. 지,축,행은 본번이다 (지번변경, 축척변경, 행정구역개편은 본번을 부여한다)
4. 병,신 (합병은 건축물이 있을 때 소유자의 신청시 부여한다)

⑹ **도시개발사업 등이 준공되기 전의 지번부여**

지적소관청은 도시개발사업 등이 준공되기 전에 사업시행자가 **사업계획도**(지번별조서×)에 의하여 지번 부여신청을 하는 때에는 **지적확정측량방법으로** 지번을 부여할 수 있다.

01   공간정보의 구축 및 관리에 관한 법상 지번에 관한 설명으로 옳은 것은?

① 지번은 국토교통부장관이 시·군·구별로 부여한다.

② 지번(地番)은 아라비아숫자로 표기하되, 임야대장과 임야도인 토지의 지번은 숫자 뒤에 "임"자를 붙인다.

③ 지번은 본번(本番)과 부번(副番)으로 구성하되, 본번과 부번 사이에 "－" 표시로 연결한다. 이 경우 "－" 표시는 "의"라고 읽는다.

④ 지번은 북동에서 남서로 순차적으로 부여한다.

⑤ 토지소유자가 지번을 변경하려면 지번변경 사유와 지번변경 대상토지의 지번·지목·면적에 대한 상세한 내용을 기재하여 지적소관청에 신청하여야 한다.

02   공간정보의 구축 및 관리 등에 관한 법령상 지번부여방법으로 틀린 것은?

① 지적확정측량을 실시한 지역 내의 지번 중 본번으로 된 지번을 사용하여 부여하여야 한다.

② 지역 내의 본번 중에서 지적확정측량을 실시한 지역의 종전의 지번과 지적확정측량을 실시한 지역 밖에 있는 본번이 같은 지번이 있을 때에는 그 지번은 제외하여야 한다.

③ 지적확정측량을 실시한 지역의 경계에 걸쳐 있는 지번이 본번으로 된 지번인 경우에는 그 지번을 사용하여 부여하여야 한다.

④ 부여할 수 있는 종전 지번의 수가 새로 부여할 지번의 수보다 적을 때에는 블록 단위로 하나의 본번을 부여한 후 필지별로 부번을 부여하거나, 그 지번부여지역의 최종 본번 다음 순번부터 본번으로 하여 차례로 지번을 부여할 수 있다.

⑤ 지번변경의 승인 신청을 받은 시·도지사 또는 대도시 시장은 지번변경 사유 등을 심사한 후 그 결과를 지적소관청에 통지하여야 한다.

03   공간정보의 구축 및 관리에 관한 법상 지번에 관한 설명으로 옳은 것은?

① 신규등록 및 등록전환의 경우에는 그 지번부여지역의 최종본번의 다음순번의 본번으로 지번을 부여함을 원칙으로 한다.

② 신규등록 및 등록전환 대상 토지가 여러 필지인 경우에는 그 지번부여지역의 최종부번의 다음순번의 부번으로 지번을 부여할 수 있다.

③ 신규등록 및 등록전환 대상토지가 그 지번부여지역의 최종지번의 토지에 인접하여있는 경우에는 지번부여지역의 최종 본번의 다음 순번부터 본번으로 하여 순차적으로 지번을 부여할 수 있다.

④ 신규등록 및 등록전환 대상토지가 이미 등록된 토지와 멀리 떨어져 있는 경우에는 지번부여지역의 최종 본번의 다음 순번의 본번에 부번을 부여할 수 있다.

⑤ 분할의 경우 주거·사무실 등의 건축물이 있는 필지에 대해서는 소유자가 신청이 있어야 분할 전 지번을 부여한다.

04 다음 중 공간정보의 구축 및 관리에 관한 법상 지번에 관한 설명으로 옳은 것은?

① 축척변경 시행지역의 필지에 지번을 부여할 때에는 등록전환측량 토지 지번부여 방법을 준용한다.

② 7, 7-1, 7-7의 토지 중 7의 토지가 2필지로 분할하는 경우 원칙적으로 7-8, 7-9 이 되어야 한다.

③ 지번을 변경, 축척변경, 행정구역개편으로 지번을 부여 할 때에는 인접토지의 본번에 부번을 부여한다.

④ 합병의 경우 토지소유자가 합병 전의 필지에 주거·사무실 등의 건축물이 있어서 그 건축물이 위치한 지번을 합병 후의 지번으로 신청할 때에는 그 지번을 합병 후의 지번으로 부여하여야 한다.

⑤ 10, 9-1, 11,8-2번지의 토지가 1필지로 합병하는 경우, 9-1번지의 토지에 주거용 건축물이 있다면 합병 후의 지번은 9-1로 정해야 한다.

05 다음 중 공간정보의 구축 및 관리에 관한 법상 지번에 관한 설명으로 옳은 것은?

① 지번변경의 경우는 소유자의 3분의 2이상의 동의를 요한다.

② 도시개발사업 등으로 지번에 결번이 생기면 지적소관청은 지번대장을 작성하여 영구히 보존한다.

③ 지적소관청은 지번을 변경하려면 지번변경 사유를 적은 승인신청서에 지번변경 대상지역의 지번·지목·면적·소유자에 대한 상세한 내용을 기재하여, 국토교통부장관에게 제출하여야 한다.

④ 지적소관청은 지번변경 후 등기소에 등기를 촉탁하고, 토지소유자에게 통지하면 된다.

⑤ 토지소유자는 지번을 변경할 필요가 있는 경우 지적소관청에 지번변경을 신청할 수 있다.

⑥ 지적소관청은 도시개발사업 등이 준공되기 전에 사업시행자가 지번부여 신청을 하면 지번별조서에 의하여 지번을 부여할 수 있으며, 지적확정측량방법에 의한다.

핵심테마 2 결번대장 (지번대장×) + 지적서고에 영구히 보존

① 결번이 발생하는 경우	② 결번이 발생하지 않는 경우
㉠ 등록전환 ㉡ 합병 ㉢ 바다로 된 토지의 등록말소 ㉣ 도시개발사업의 시행 ㉤ 축척변경 ㉥ 행정구역개편 ㉦ 지번변경 ㉧ 지번정정 등	㉠ 지목변경 ㉡ 분할 ㉢ 신규등록 알기 지목이 분신하면 결번이 생기지 않는다.

핵심테마 3 지목

1.전(田)	물을 상시적으로 **이용하지 않고** 곡물·원예작물(과수류는 제외)·약초·뽕나무 등의 식물을 주로 재배하는 토지와 식용(食用)으로 죽순을 재배하는 토지
2.답(畓)	물을 상시적으로 **직접 이용하여** 벼·연, 미나리·왕골 등의 식물을 주로 재배 토지 ※ 연, 왕골 등이 자생하는 토지는 '유지'다.
3.과수원	사과·배·밤나무 등 과수류를 집단적으로 재배 하는 토지와 이에 접속된 저장고 부속시설물의 부지. ※ 단, 과수원에 접속된 **주거용 건축물**의 부지는 "대"다.
4. 목장용지	① 축산업 및 낙농업을 하기 위하여 **초지**를 조성한 토지 ②「축산법」제2조 제1호에 따른 **가축을 사육하는 축사** 등의 부지 ※단, 목장용지에 접속된 **주거용 건축물의 부지**는 "대"로 한다.
5.임야	산림 및 원야(原野)를 이루고 있는 ⑨석지·㉂갈땅·⑩래땅⑪지, ㉻무지, ㉾림지, ㉄림지 등의 토지 (알기 ⑨㉂⑩⑪㉻㉾㉄)
6.광천지	지하에서 온수·약수·석유류등이 **용출되는** 토지. ※ 석유류 **판매**하는 토지는 '주유소용지'이다. ※ 다만, 온수·약수·석유류 등을 일정한 장소로 **운송하는 송수관·송유관** 및 저장시설의 부지는 **잡종지**다.
7.염전	바닷물을 끌어들여 소금을 채취하기 위하여 조성된 토지 ※ 다만, 천일염 방식으로 하지 아니하고 소금을 **제조하는 공장시설물**의 부지는 **공장용지**다.
8. 대(垈)	① 영구적 건축물 중 주거(호텔, 여관)·사무실(병원)·점포(도매시장)와 박물관·극장·미술관 등 문화시설과 이에 접속된 정원 및 부속시설물의 부지 ②「국토의 계획 및 이용에 관한 법률」등에 따른 택지조성공사가 준공된 토지
9. 공장 용지	① 제조업을 하고 있는 **공장 시설물**의 부지 ②「공장설립에 관한법률」등 관계 법령에 따른 **공장부지** 조성공사가 준공된 토지 ③ 가목 및 나목의 토지와 같은 구역에 있는 의료시설 등 부속시설물의 부지

10.학교	학교의 교사와 이에 접속된 체육장 등 부속시설물의 부지는 '학교용지'로 한다.
11. 주차장	① 자동차 등의 **주차**에 필요한 독립적인 시설을 갖춘 부지와 주차전용 건축물 및 이에 접속된 부속시설물의 부지 ② 「주차장법」 제19조에 따라 **시설물의 부지 인근에 설치된 부설주차장은 주차장용지**이다. ※ 「주차장법」에 따른 **노상주차장(＝도로) 및 부설주차장은** − 주차장 × ※ 단, 자동차 등의 **판매** 목적으로 설치된 물류장 및 야외전시장 − 주차장×
12. 주유소	석유·석유제품 또는 액화석유가스, 전기 또는 수소 등의 판매 or 저유소 및 **원유저장소의 부지** ※ 단, 자동차·선박·기차 등의 제작 또는 **정비공장 안에 설치된 급유·송유시설** 등의 부지는 공장용지다.
13. 창고	**물건 등을** 보관 또는 저장하기 위하여 독립적으로 설치된 보관시설부지
14. 도로	① 일반 공중(公衆)의 교통 운수를 위하여 보행이나 차량운행에 필요한 일정한 설비 또는 형태를 갖추어 이용되는 토지(자동차전용도로, 자전거전용도로) ② 「도로법」등 관계 법령에 따라 도로로 개설된 **토지** ③ **고속도로의 휴게소 부지** ※단, 국도, 지방도로의 휴게소부지는 '대' ④ 2필지 이상에 진입하는 통로로 이용되는 토지 ※ 단, 아파트·공장 등 단일 용도의 일정한 **단지 안에 설치된 통로**−도로×
15. 철도용지	교통운수를 위하여 **일정한 궤도** 등의 설비와 형태를 갖추어 이용되는 토지와 이에 접속된 역사·차고·발전시설 및 공작창 등 부속시설물의 부지는 '철도용지'로 한다.
16. 제방	조수, 자연유수, 모래, 바람 등을 **막기** 위하여 설치된 방조제, 방수제, 방사제, 방파제 등의 부지
17. 하천	자연의 유수가 있거나 있을 것으로 예상되는 토지
18. 구거	① 용수(用水) 또는 배수를 위하여 일정한 형태를 갖춘 인공적인 수로 ② **자연의 유수(流水)가 있거나 있을 것으로 예상되는 소규모 수로 부지**
19. 유지 溜地	① **물이 고여 있거나** 상시적으로 물을 저장하고 있는 댐·저수지·호수(산정호수)·연못 등의 토지 ② 연·왕골 등이 **자생**하는 배수가 잘 되지 아니하는 토지 ※ 연, 왕골 등을 **재배**하는 토지는 '답'이다.
20. 양어장	육상에 인공으로 조성된 수산생물의 번식 또는 양식을 위한 시설을 갖춘 부지와 이에 접속된 부속시설물의 부지
21. 수도용지	물을 정수하여 공급하기 위한 취수, 저수, 정수, 배수, 송수 시설부지
22. 공원	일반 공중의 보건·**휴양** 및 정서생활에 이용하기 위한 시설을 갖춘 토지로서 「**국토의 계획 및 이용에 관한 법률**」에 따라 **공원** 또는 녹지로 결정고시된 토지 ※ 단: **묘지공원(묘지)** ※ **자연공원법에 의한 국립공원, 도립공원 등 (임야)**
23. 체육용지	① 국민의 건강증진 등을 위한 **체육활동**에 적합한 시설과 형태를 갖춘 종합운동장·실내체육관·야구장·골프장·스키장·승마장·경륜장 등. ※ 단, 체육시설로서의 영속성이 미흡한 정구장·골프연습장·실내수영장 및 체육도장(대), 유수(流水)를 이용한 요트장 및 카누장(하천) 제외됨.

24. 유원지	일반 공중의 **위락**시설물을 종합적으로 갖춘 수영장·유선장(遊船場)·낚시터·어린이 놀이터·동물원·식물원·민속촌·(경마장), 야영장 등의 토지
25. 종교용지	일반 공중의 **종교의식**을 위하여 예배·설교·제사 등을 하기 위한 **교회·사찰·향교** 등 건축물의 부지와 이에 접속된 부속시설물의 부지
26. 사적지	문화재로 **지정**된 역사적인 유적·고적 등을 보존하기 위하여 구획된 토지. ※ 단, **학교용지·공원·종교용지** 등 다른 지목으로 된 토지에 있는 유적·고적·기념물 등을 보호하기 위하여 구획된 토지 - 사적지✕
27. 묘지	① 사람의 시체나 유골이 매장된 토지, 「도시공원법」에 의한 **묘지 공원**으로 결정·고시된 토지 및 ② 「장사 등에 관한 법률」 제2조 제8호의 규정에 의한 봉안 **시설**과 이에 접속된 부속시설물의 부지는 '묘지'로 한다. ③ 다만, 묘지의 관리를 위한 건축물의 부지는 '대'로 한다.
28. 잡종지 (잡)	암기 소녀 ① ⓥ전소 ② ⓢ신소 ③ ⓢ유시설 ④ ⓒ동우물에 ⑤ ⓞ물과 쓰레기를 버리고 ⑥ ⓥ객자동차터미널, ⑦ ⓟ차등자동차와 관련된 독립적인 시설물을 갖춘 토지, ⑧ 자동차ⓤ전학원, ⑨ ⓓ축장 하면서 ⑩ 야시시한(야외시장) 옷에 ⑪ ⓗ을 파내는 곳과 ⑫ ⓢ을 캐내는 곳 넣고 ⑬ ⓢ외에 물건을 쌓아두는 곳, 있는 ⑭ ⓢ신소 ⑮ ⓐ항시설, ⑯ ⓗ만시설을 지나 ⑰ ⓖ대밭으로 간다. ※ 단, 원상회복을 조건으로 돌을 캐내는 곳 또는 흙을 파내는 곳의 토지 - 잡종지✕
(2) 지목의 표기	① 토지대장 및 임야대장 : 지목의 정식 **명칭**과 코드번호를 함께 등록 ② 도면(지적도 + 임야도) : 지목의 부호만 ㉠ 원칙 : 두(頭)문자주의, 단, 주ⓒ장, 공ⓙ용지, 하ⓒ, 유ⓦ지는 차(次)문자 암기 ⓒ ⓙ ⓒ ⓦ ③ 공유지연명부, 대지권등록부, 경계점좌표등록부에는 지목이 **등록되지 않는다.**
(3)지목 설정 원칙	① 1필지가 둘이상의 용도로 활용되는 경우에는 **주된** 용도에 따라 지목을 설정하여야 한다. ② 영속성의 원칙 : 토지가 **일시적, 임시적인(임대), 원상회복**의 용도로 사용될 때에는 지목을 변경하지 아니한다.

지목

① 전 : 물 없이 식물 재배(과수류 제외) ② 답 : 물 이용 식물 재배(연, 왕골 + 재배)

③ 과수원 : ~나무 재배(단,주거용 건출물 : 대) ④ 목장용지 : 가축의 초지 or 축사

⑤ 임야 : 산림 및 원야~암, 자, 모, 습, 황무, 죽, 수 ⑥ 광천지 : 석유류 + 용출 ⑦ 염전 : 소금

⑧ 대 : ㉠주거, 사무실, ㉡박물관, 미술관 ⑨ 공장용지 : ~공장 ⑩ 학교 : 학교

⑪ 주차장 : ㉠자동차 주차(판매×), 주차전용 건축물 ㉡~인근 부설주차장

⑫ 주유소용지 : ㉠석유 + 판매, ㉡저유소, 원유저장

⑬ 창고 : 물건 + 보관 ⑭ 도로 : 보행 or 차량, 고속도로 휴게소(단,아파트 단지통로×)

⑮ 철도용지 : 궤도 or 역사 ⑯ 제방 : 방~제.방~제

⑰ 구거 : ~인공적수로, 소규모수로 ⑱ 하천 : 자연유수

⑲ 유지 : 물 + 고여(저장) (연, 왕골 + 자생)

⑳ 양어장 : 육상에(해상에×)~ ㉑ 수도용지 : ㉠물 + 정수, ㉡~수 ~수

㉒ 공원 : 휴양 + 국계법상 공원 ㉓ 체육용지 : 스키장, 실내체육관, 골프장, 승마장, 경륜장

㉔ 유원지 : 위락 + 유선장, 동물원, 민속촌, 경마장, 야영장 ㉕ 종교용지 : 교회, 사찰, 향교

㉖ 사적지 : 문화재 + 유적(단, 종교용지, 공원, 학교 안의 유적은 제외)

㉗ 묘지 : ㉠시체 + 유골(㉡봉안시설, ㉢묘지공원)

㉘ 잡종지 : 소녀 변, 송, 송, 이, 공동, 우물, 오물, 쓰레기, 여객, 폐차, 운전, 도, 야시시, 흙, 돌, 실외, 수신소, 공항, 항만시설, 갈대밭

---

01 지목을 지적도 및 임야도에 등록하는 때에는 부호로 표기하여야 한다. 다음 중 지목과 부호의 연결이 옳은 것은?

① 주차장 − '주' ② 공장용지 − '공'

③ 광천지 − '천' ④ 목장용지 − '장'

⑤ 유원지 − '원'

02 지목에 관한 설명으로 옳은 것은?

① 어린이 놀이터, 동물원, 경마장의 지목을 공유지연명부와 대지권등록부에 등록하는 때에는 '원'으로 등록하여야 한다.

② 물을 상시적으로 직접 이용하여 벼, 연, 미나리 왕골 등의 식물을 주로 재배하는 토지는 '답'이다. * 연, 왕골 등이 자생하는 토지는 '유지'다.

③ 학교용지, 공원, 종교용지 등 다른 지목으로 된 토지 안에 있는 유적·고적·기념물 등을 보호하기 위해 구획된 토지는 사적지이다.

④ 물건 등을 보관 또는 저장하기 위하여 독립적으로 설치된 보관시설부지의 지목은 '대'이다.

⑤ 물을 상시적으로 이용하지 않고 곡물·원예작물(과수류도 포함한다)·약초·뽕나무·닥나무·묘목·관상수 등의 식물을 주로 재배하는 토지와 식용(食用)으로 죽순을 재배하는 토지의 지목은 '전'이다.

03 공간정보의 구축 및 관리 등에 관한 법령상 지목을 구분하는 기준으로 옳은 것은?

① 자연의 유수(流水)가 있거나 있을 것으로 예상되는 소규모 수로 부지는 '하천'으로 한다.　 * 수로는 '구거'다

② 도시공원법상의 묘지공원과 봉안시설, 그리고 묘지의 관리를 위한 건축물의 부지는 지목을 '묘지'로 한다.

③ 물이 고이거나 상시적으로 물을 저장하고 있는 댐·저수지·소류지(沼溜地)·호수·연못 등의 토지와 물을 상시적으로 직접 이용하여 연(蓮)·왕골 등의 식물을 주로 재배하는 토지는 '유지'로 한다.

④ 원상회복을 조건으로 돌을 캐내는 곳 또는 흙을 파내는 곳으로 허가된 토지의 지목은 '잡종지'에서 제외된다.

⑤ 학교의 교사와 이에 접속된 체육장 등 부속시설물 부지의 지목은 '체육용지'로 한다.

04 공간정보의 구축 및 관리 등에 관한 법령상 지목의 구분으로 옳은 것은?

① 유수(流水)를 이용한 요트장 및 카누장 등의 토지는 "체육용지"로 한다.

② 교통 운수를 위하여 일정한 궤도 등의 설비와 형태를 갖추어 이용되는 토지의 지목은 '도로'이다.

③ 여객자동차터미널, 자동차운전학원 및 폐차장 등 자동차와 관련된 독립적인 시설물을 갖춘 부지 및 공항시설 및 항만시설 부지의 지목은 "잡종지"로 한다.

④ 물을 정수하여 공급하기 위한 취수·저수·도수(導水)·정수·송수 및 배수시설의 부지 및 이에 접속된 부속시설물의 부지는 "유지"로 한다.

⑤ 조수·자연유수·모래·바람 등을 막기 위하여 설치된 방조제·방수제·방사제·방파제 등의 부지는 "구거"로 한다.

05 공간정보의 구축 및 관리 등에 관한 법령상 지목의 구분기준에 대한 설명으로 옳은 것은?

① 박물관·극장·미술관 등 문화시설부지는 '대'이다.

② 자연의 유수(流水)가 있거나 있을 것으로 예상되는 토지는 지목이 '수도용지'이다.

③ 해상에 인공으로 조성된 수산생물의 번식 또는 양식을 위한 시설을 갖춘 부지와 이에 접속된 부속시설물의 부지의 지목은 '양어장'으로 한다.

④ 사과·배·밤·호두·귤나무 등 과수류를 집단적으로 재배하는 토지와 이에 접속된 저장고 등 부속시설물의 부지 및 주거용 건축물의 부지는 '과수원'으로 한다.

⑤ 지하에서 석유류 등이 용출되는 용출구와 그 유지에 사용되는 부지는 '주유소 용지'이다.

06 **지목에 관한 설명으로 옳은 것은?**

① 축산법에 따른 가축을 사육하는 축사 등의 부지에 접속된 주거용 건축물의 부지의 지목은 '목장용지'이다.

② 제조업을 하고 있는 공장시설물의 부지는 '공장용지'로 하고, 같은 구역에 있는 의료시설 등 부속시설물의 부지는 '대'로 한다.

③ 산림 및 원야(原野)를 이루고 있는 암석지·자갈땅·모래땅·습지·황무지, 죽림지, 수림지(樹林地) 등의 토지의 지목은 '잡종지'이다.

④ 온수·약수·석유류 등을 일정한 장소로 운송하는 송수관·송유관 및 저장시설의 부지는 '광천지'이다.

⑤ 문화재로 지정된 역사적인 유적·고적·기념물 등을 보존하기 위하여 구획된 토지는 '사적지'로 한다.

07 **지목에 관한 설명으로 옳은 것은?**

① 천일제염방식에 의하지 않고 동력에 의해 바닷물을 끌어들여 소금을 제조하는 공장시설물의 부지는 '염전'이다.

② 아파트·공장 등 단일 용도의 일정한 단지 안에 설치된 통로의 지목은 '도로'다.

③ 석유 또는 액화석유가스, 전기 수소 등의 판매를 위하여 일정한 설비를 갖춘 시설물의 부지는 지목이 '광천지'이다.

④ 저유소(貯油所) 및 원유저장소의 부지와 이에 접속된 부속시설물의 부지는 지목이 '주유소용지'이다.

⑤ 자동차·선박·기차 등의 제작 또는 정비공장 안에 설치된 급유, 송유시설 등의 부지는 '주유소용지'이다.

08 **지목이 '주차장' 용지인 것은?**

① 이마트 건물부지에 설치한 부설주차장

② 「주차장법」 제19조 제4항에 따라 시설물의 부지 인근에 설치된 부설주차장

③ 「주차장법」 제2조 제1호 가목 및 다목에 따른 노상주차장

④ 자동차 등의 판매 목적으로 설치된 물류장

⑤ 자동차 등의 판매 목적으로 설치된 야외전시장

⑥ 주차전용건축물 부지

09 지목이 '체육용지'는 몇 개이고 '유원지'는 몇 개인가?

> ㉠ 동물원·식물원·민속촌   ㉡ 야영장
> ㉢ 승마장   ㉣ 경마장
> ㉤ 스키장   ㉥ 경륜장
> ㉦ 유선장(遊船場)   ㉧ 골프장

① 체육용지 4개 – 유원지 4개   ② 체육용지 5개 – 유원지 3개
③ 체육용지 2개 – 유원지 6개   ④ 체육용지 3개 – 유원지 5개
⑤ 체육용지 6개 – 유원지 2개

10 지목이 '잡종지'인 것은 몇 개인가?

> ㉠ 영구적 건축물 중 변전소, 송신소, 수신소
> ㉡ 쓰레기 및 오물처리장 등의 부지
> ㉢ 공항, 항만시설
> ㉣ 실외에 물건을 쌓아두는 곳
> ㉤ 갈대밭
> ㉥ 야외시장
> ㉦ 황무지, 습지
> ㉧ 도축장
> ㉨ 야영장

① 3개   ② 4개   ③ 5개   ④ 6개   ⑤ 7개

핵심테마 4 경계

구 분	내 용
1. **지상경계** **설정기준** [알기] **고저무중** ⑤, ⑧ ⑧, ⑥ **바다만조** **공유바깥**	① 연접되는 토지사이에 높낮이(=고저)의 차이가 **없는** 경우는 그 지물 또는 구조물의 중앙 ② 연접되는 토지사이에 **높낮이**(=⑧저)의 **차이가 있는** 경우는 구조물의 **(하)단부** ③ 도로·구거 등의 토지에 ⑧토된 부분이 있는 경우 그 경사면의 **(상)단부** ④ 토지가 해면 또는 수면에 접하는 경우 **최대(만조)위** 가 되는 선 ⑤ **공유수면**매립지의 토지 중 제방 등을 토지에 편입하여 등록하는 경우 **(바깥쪽)** 어깨부분 ※ 다만, 지상경계의 구획을 형성하는 구조물 등의 소유자가 다른 경우에는 위의 ① ② ③의 내용에도 불구하고 그 소유권에 **의하여** 지상경계를 결정한다.
2. **분할시의** **경계결정**	(1) 원칙: 분할에 따른 지상 경계는 **지상건축물을 걸리게 결정해서는 아니 된다.** 　(즉, ① ⑧유권이전, ② 불합리한 지상⑧계를 시정하기 위하여 ③ ⑨매, ④ 1필지의 일부가 형질변경 등으로 ⑧도가 다르게 되어 토지를 분할하는 경우는 지상건축물이 걸리게 결정하여서는 아니 된다.) (2) 예외: 다음의 경우에는 건축물이 걸리게 분할할 수 있다. 　[알기] ⑧, ⑧, ⑧, ⑧ 　① ⑧공사업으로 인하여 수도용지·학교용지·도로·철도용지·제방·하천·구거·유지(유원지×)등의 지목으로 되는 토지를 분할하는 경우 　② 도시개발⑧업 등의 사업시행자가 **사업지구의 경계**를 결정하기 위하여 분할하고자 하는 경우 　③ 「국토의 계획 및 이용에 관한 법률」의 규정에 의한 도시계획결정고시와 지형도면고시가 된 지역의 **도시, 군관리**⑧획선에 따라 토지를 분할하는 경우 　④ 법원의 확정⑧결이 있는 경우
3. **지상경계점** **등록부**	(1) 지적소관청은 토지의 이동에 따라 **지상경계**를 새로 정한 경우에는 지상경계점등록부(경계점좌표등록부×)를 작성, 관리하여야 한다. (2) 지상경계점등록부의 등록사항 [알기] ⑧, ⑧, ⑧, 경계점⑧⑧–⑧⑧) 　① 토지의 ⑧재 ② ⑧번 ③ 공부상 지⑧과 실제 토지이용 지목 　④ 경계점표지의 ⑧류 　⑤ 경계점 ⑧표(경계점좌표등록부시행지역에 한한다) 　⑥ 경계점의 ⑧진파일 　⑦ 경계점 ⑧치와 위치설명도 (단, 소유자, 고유번호, 도면번호 ×)

01 지적소관청이 지상 경계를 새로 결정하려는 경우 그 기준으로 옳은 경우는? (단, ①②③의 경우 구조물 등의 소유자가 다른 경우는 제외된다)
① 연접되는 토지 간에 높낮이(고저) 차이가 없는 경우 : 그 구조물 등의 상단부
② 연접되는 토지 간에 높낮이(고저) 차이가 있는 경우 : 그 구조물 등의 중앙
③ 도로 · 구거 등의 토지에 절토(切土)된 부분이 있는 경우 : 그 경사면의 하단부
④ 토지가 해면 또는 수면에 접하는 경우 : 평균간조위 또는 평균간조가 되는 선
⑤ 공유수면매립지의 토지 중 제방 등을 토지에 편입하여 등록하는 경우 : 바깥쪽 어깨부분

02 분할에 따른 지상 경계결정시 지상건축물을 걸리게 결정해서는 아니 되는 것은?
① 공공사업으로 인하여 학교용지 · 도로 · 철도용지 · 제방 · 하천 · 구거 · 유지 · 수도용지 등의 지목으로 되는 토지를 분할하는 경우
② 도시개발사업 등의 사업시행자가 사업지구의 경계를 결정하기 위하여 분할하고자 하는 경우
③ 「국토의 계획 및 이용에 관한 법률」의 규정에 의한 도시계획결정고시와 지형도면 고시가 된 지역의 도시, 군관리계획선에 따라 토지를 분할하는 경우
④ 법원의 확정판결이 있는 경우
⑤ 토지이용상 불합리한 지상경계를 시정하기 위하여 토지를 분할하고자 하는 경우
⑥ 소유권이전 또는 매매 등을 위하여 토지를 분할하는 경우

03 지상경계점등록부에 등록사항이 아닌 것은?
① 소재, 지번, 공부상의 지목과 실제 토지이용 지목
② 소유자 및 고유번호
③ 경계점의 표지의 종류
④ 경계점의 좌표(경계점좌표등록부 시행지역에 한함)
⑤ 경계점의 사진파일
⑥ 경계점의 설치비용, 경계점표지의 보존기간

04 '공간정보의 구축 및 관리에 관한 법상' 경계에 관한 설명이다. 옳은 것은?

① 연접되는 토지 간에 높낮이 차이가 있는 경우 : 그 구조물 소유자가 다른 경우에는 하단부를 기준으로 그 경계를 설정한다.

② 공유수면매립지의 토지 중 제방 등을 토지에 편입하여 등록하는 경우 : 그 구조물 소유자가 다른 경우에는 그 소유권을 기준으로 그 경계를 설정한다.

③ 도시개발사업이 완료되어 실시하는 지적확정측량의 경계는 공사가 완료된 현황대로 결정하되, 공사가 완료된 현황이 사업계획도와 다를 때에는 미리 사업시행자에게 그 사실을 통지하여야 한다.

④ 경계점표지의 종류 및 경계점 위치와 경계점좌표를 반드시 등록하여야 한다.

⑤ 국토교통부장관은 토지이동에 따라 지상경계를 새로이 정한 경우 경계점 위치설명도 등을 등록한 경계점좌표등록부를 작성, 관리하여야 한다.

핵심테마 5 면적

(1) 면적측정이 필요한 경우

면적측정의 대상 ○	면적측정의 대상 ×
① 지적공부를 복구하는 경우 ② 토지를 신규등록하는 경우 ③ 등록전환을 하는 경우 ④ 분할을 하는 경우 ⑤ 도시개발사업 등으로 토지의 표시를 새로이 확정하는 경우 ⑥ 축척변경을 하는 경우 ⑦ 경계복원측량 및 지적현황측량 등에 의하여 면적측정이 수반되는 경우	① 경계(복원)측량 및 지적(현)황측량 ② (지)번변경 ③ 지목 변경 ④ 합병 ⑤ 평을 제곱미터로 면적 (환산)시 (암기) (복), (현), 이와 (지), (목), 이 (합병), (환산)하면 면적측정하지 않는다.

(2) 면적의 결정 및 단수처리 (암기) (홀)아비 불쌍해서 (더)해주었다

구 분	축 척	등록단위	단수처리
지적도	1/500, 1/600과 경계점좌표등록부 지역	0.1m²	0.05 m²초과 ⇨ 올림
			0.05 m²미만 ⇨ 버림
			0.05 m²인 때 앞자리가 0, 짝수 ⇨ 버림, 홀수 ⇨ 올림
	1/1000, 1/1200 1/2400, 1/3000 1/6000	1m²	0.5 m²초과 ⇨ 올림
			0.5 m²인 때 앞자리가 0, 짝수 ⇨ 버림 홀수 ⇨ 올림
임야도	1/3000, 1/6000		0.5 m²미만 ⇨ 버림

축척(1/1000, 1/1200, 1/2400, 1/3000 1/6000 ⇒ 1m²(임야도)		경계점좌표등록부 시행지역, (경위의 측량방법) 1/500, 1/600 ⇒ 0.1m²	
측량면적(m²)	등록면적(m²)	측량면적(m²)	등록면적(m²)
123.4	123	123.32	123.3
123.6	124	123.37	123.(4)
123.5(홀수)	12(4)	123.55(홀수)	123.6
120.5	120	123.05	123.(0)
124.5(짝수)	12(4)	123.65(짝수)	123.6
124.52	12(5)	123.653	123.(7)
0.7(1m²미만)	(1)	0.05(0.1m²미만)	(0.1)

(3) **면적측정방법**

1) **전자면적측정기** : 평판측량을 실기하여 지적도나 임야도에서 사용한다.

2) **좌표면적계산법** : 경위의 측량방법을 실시하여 경계점좌표등록부에 등록되는 지역에서 사용한다.

01 다음 중 새로측량하여 면적측정의 대상이 아닌 것은?

> ㉠ 임야대장등록지를 토지대장등록지로 옮기는 경우(등록전환)
> ㉡ 도시개발사업시행지역
> ㉢ 지목변경
> ㉣ 축척변경
> ㉤ 지적공부 복구
> ㉥ 경계복원측량 및 지적현황측량시 면적측정이 **수반**되는 경우
> ㉦ 지번변경

① 2개　　② 3개　　③ 4개　　④ 6개　　⑤ 7개

www.pmg.co.kr

02 면적의 결정에 대한 설명으로 옳은 것은?

① 축척이 600분의 1인 지역과 경계점좌표등록부에 등록하는 지역의 토지 면적은 0.1㎡ 미만의 끝수가 있는 경우 0.5㎡ 미만일 때에는 버리고 0.5㎡를 초과할 때에는 올린다. 다만 0.5㎡일 때에는 구하려는 끝자리의 숫자가 0 또는 짝수이면 올리고, 홀수이면 버린다.

② 축척이 600분의 1과 경계점좌표등록부에 등록하는 지역의 1필지 면적이 0.1㎡ 미만일 때에는 0.1㎡로 하며, 임야도에 등록하는 지역의 1필지 면적이 0.1㎡ 미만일 때에는 0.1㎡로 한다.

③ 임야도(고유번호 11번째 숫자가 2인 지역)에 등록하는 지역에서 면적측정결과 123.5㎡가 산출되었다면 임야대장에 등록한 면적은 124㎡가 된다.

④ 축척이 500분의 1이 지역의 1필지 면적이 0.1㎡ 미만일 때에는 1㎡로 한다.

⑤ 지적도의 축척이 1/1,000, 1/1,200, 1/2,400, 1/3,000, 1/6,000 지역의 1필지의 면적이 0.1㎡ 미만일 때에는 1㎡로 한다.

03 면적의 결정에 대한 설명으로 옳은 것은?

① 경위의 측량방법으로 세부측량을 한 지역(경계점좌표등록부시행지역)의 필지별 면적측정은 전자면적측정기에 의한다.

② 경계복원측량 및 지적현황측량 경우에는 면적측정 한다.

③ 미터법의 시행으로 면적을 평에서 제곱미터(㎡)로 환산하여 등록하는 경우에는 지적측량에 의하여 필지의 면적을 측정을 한다.

④ 경위의측량방법에 의하여 지적확정측량을 시행하는 지역(＝경계점좌표등록부시행지역)의 1필지의 면적을 산출한 결과 123.452㎡인 경우 지적공부에 등록할 면적은 123.5㎡이다.

⑤ 1/600인 축척에서 1필지의 면적이 0.65㎡로 측량하였다면 대장에 등록할 면적은 0.1㎡이나 1/1200인 축척에서 1필지의 면적이 0.65㎡로 측량되었다면 대장에 등록할 면적은 1㎡가 되어야 한다.

04 공간정보의 구축 및 관리 등에 관한 법령상 지적공부에 등록하는 면적에 대한 내용으로 틀린 것은?

① 600분의 1 축척의 지적도에 등록된 토지의 면적이 0.03제곱미터이면 지적공부에는 0.1제곱미터로 등록한다.

② 1,000분의 1 축척의 지적도에 등록된 토지의 면적이 0.03제곱미터이면 지적공부에는 1제곱미터로 등록한다.

③ 토지합병을 하는 경우의 면적결정은 합병전의 각 필지의 면적을 합산하여 그 필지의 면적으로 한다.

④ 지적공부 중 토지대장과 임야대장 및 대지권등록부에는 면적이 등록된다.

⑤ 면적 및 경계에 오류가 있어 등록사항의 정정을 하는 경우에는 토지의 면적을 측정하여야 한다.

제3장 지적공부

핵심테마 6 | 지적공부의 종류와 등록사항

		소재, 지번	고유 번호 (장번호	지목, = 축척	면적. 개별	좌표, 부호;	경계, 위치	소유자	소유권 (지분)	고유한 등록사항
대 장	(토)지, (임)야 대장	○	○	○ ~장	○	×	×	○(대)	×	토지(이동)사유 (면)적 (개)별공시지가
	(공)유지 연명부	○	○	×	×	×	×	○	○공	고, 소, (지분) + 단,면,목,도번×
	(대)지권 등록부	○	○	×	×	×	×	○(장)	○대	(건)물의 명칭 (전)유건물표시 (대)지권(비)율
경계점(좌) 표등록부		○	○	×	×	○	×	×	×	(고), (부)호, (좌)표
도 면	(지)적도, (임)야도	○	×도	○ ~도	×	×	○	×	×	(경)계 도면의(색)인도 (도)곽선과 경계점간(거)리 지적기준점(위)치, 건축물의 (위)치

① 소, 지는 공통, ② 고, 도리 없다, ③ 목도장 = 축도장, ④ 소=대장

①고유번호	1061101570-1 0071-0001		토지, 임야 대장	도면번호	19	발급번호	20030522-0184-
②토지소재	③지번:71-1			장번호	1	처리시각	15시 11분 47초
	⑥ 축척	1:1200		비이고		작성자	홍길동

토지표시			⑧소유자		
④지목	⑤면적 (m²)	⑦토지이동 사유	⑨변동일자 변동원인	주소 성명 또는 명칭	등록번호
(10) 학교용지	*75	(02)2002년 7월 10 일신규등록(매립준공)	2002년 7월 4일 (13)소유자등록	홍길동	
		~분할	2002년 12월 27일 (02)소유권보존	홍길동	
			2013년 5월 5일 소유권이전	**김재호외 3인**	
⑩토지등급 (기준수확량등급)					
⑪개별공시지가 (원/m²)					

토지대장에 의하여 작성한 등본입니다.
2020년 5월 22일 충청남도 태안시장

구분	내용
1. 토지 (임야) 대장	① **고유번호(19자리로 표시)**: 행정구역(10), 대장구분(1), 지번(8: 본번4, 부번4) (1: 토지대장 2.임야대장, 고유번호는 **도면에 없고**, 고유번호에 의하여 **지목**은 알 수 없다) ① **토지**의 이동사유, 면적, 개별공시지가 등은 토지(임야)대장에만 등록된다. 〔암기〕 이동, 면, 개는 토지(임야)대장에만 있다.

01 지적공부의 등록사항에 대한 설명이다. 틀린 것은?

① 토지의 소재, 지번은 모든 지적공부에 공통된 등록사항이다.
② 토지이동사유, 면적, 개별공시지가는 토지(임야)대장에만 등록사항이다.
③ 건물의 명칭, 전유건물의 표시, 대지권의 비율은 대지권등록부에만 등록된다.
④ 경계, 도면의 색인도, 도곽선과 그 수치, 삼각점 및 지적기준점의 위치, 건축물 및 구조물의 위치는 도면(지적도, 임야도)에만 등록된다.
⑤ 고유번호, 부호, 부호도 및 좌표에 의해서 계산된 경계점간의 거리 경계점좌표등록부에 등록사항이다.
⑥ 지목과 축척은 도면(지적도/임야도)과 토지(임야)대장에만 등록사항이다.
⑦ 도면번호는 공유지연명부와 대지권등록부에만 등록되어 있지 않다.
⑧ 토지의 고유번호와 장번호는 도면에만 등록되어 있지 않다.

02 토지대장과 임야대장에 등록사항으로 옳지 않은 것은?

> ㉠ 토지의 고유번호(장번호)
> ㉡ 지목(부호)과 축척
> ㉢ 소유자의 성명 또는 주소 및 주민등록번호
> ㉣ 토지의 이동사유
> ㉤ 면적
> ㉥ 개별공시지가와 그 기준일
> ㉦ 소유권의 지분

① ㉠ 　　② ㉡ 　　③ ㉤ 　　④ ㉥, ㉦ 　　⑤ ㉡, ㉦

03 토지대장에 대한 기술이다. 옳은 것은?

① 토지대장과 임야대장에 등록되는 토지의 소재, 지번, 지목, 면적은 부동산 등기부의 표제부에 토지의 표시사항을 기재하는 기준이 된다.

② 토지대장등본에서 확인할 수 있는 사항은 소유자나 저당권자의 성명, 주소, 개별공시지가, 면적 등이다.

③ 토지대장에 등록된 소유자가 변경된 날은 부동산등기부의 등기원인일을 정리하는 기준이 된다.

④ 토지대장에 등록되는 토지의 고유번호는 행정구역, 지번, 지목 등을 코드화해서 전체 19자리로 구성되어 있다.

⑤ 토지(임야)대장에 등록되는 면적의 등록단위는 평 또는 'm²'로 한다.

① ⓖ유번호	1171010200–100017–0002	공유지연명부		⑦ 장번호	1
② 토지소재	③ 지 번			비 고	
		⑤변동일자	⑥소유권	④ ⓢ 유 자	
		변 동 원 인	지분	주 1소	등 록 번 호 성명 및 명칭
		2015년 3월 5일 (3)소유권이전	1/3	장미아파트 가 동 101호	750530–201913 김재호
		년 월 일	1/3	장미아파트 나 동 501	70830–1019013 전예찬
		년 월 일	1/3	장미아파트가동 503호	550213–11234 전주성

2. 공유지 연명부	① 소재 + 지번 + ③ ⓖ유번호 ④ ⓢ유자의 성명(소유자변동일자) ⑤ 소유권 지분은 공유지연명부의 등록사항이다.

① 고유번호	1171010700-1014	대 지 권 등 록 부	❾ ㉟유 부 분 건물의 표시	101동5층 501호	❽ ㉢물명칭	레미안아파트
② 토지소재	③ 지 번		❿ ㉕지 권 ㉢율	34/123	⑦장번호	1
			—			
			—			
			—			

		⑤변 동 일 자	소유권		④ 소 유 자	
		변동원인	⑥지분	주 소	등록번호	
					성명 및 명칭	
		년 월 일	—	가락 아파트 203-8	660515-1845716	
					전 예 찬	

3. 대지권 등록부

① 대지권등록부의 등록사항은 공유지연명부의 기재사항(소재, 지번, 고 + 소 + 지분)에 + 건물의 명칭, 전유부분건물의 표시, ㉕지권의 ㉢율이 더 추가된 것이다.

② ㉢물의 명칭, ㉟유부분 건물의 표시, ㉕지권의 ㉢율은 대지권등록부에만 등록되는 사항이다.

③ [암기] 공, 대에 가면 ㉤, ㉤, 지분은 있고, 면, 목, 도면번호가 없다.

04 공유지연명부에 등록되는 사항이 아닌 것은?

- ㉠ 토지의 고유번호(장번호)
- ㉡ 소유자의 성명 또는 명칭, 주소 등
- ㉢ 토지소유자가 변경된 날과 그 원인
- ㉣ **소유권 지분**
- ㉤ **지목**
- ㉥ **면적**

① ㉥   ② ㉤   ③ ㉤, ㉥   ④ ㉠   ⑤ ㉣

05 대지권등록부에 등록되는 사항이 아닌 것은?

[암기] 고, 소, 지분 + 건, 전, 대비○   면, 목, 도면번호 ×

- ㉠ 토지의 고유번호(장번호)
- ㉡ 소유자의 성명 또는 주소
- ㉢ 소유권 지분
- ㉣ **건축물의 명칭**
- ㉤ **전유부분(專有部分)의 건물표시**
- ㉥ **대지권 비율**
- ㉦ **지목(축척)**
- ㉧ 도면번호

① ㉥   ② ㉠   ③ ㉦, ㉧   ④ ㉤   ⑤ ㉣, ㉧

핵심테마 7 지적도와 임야도

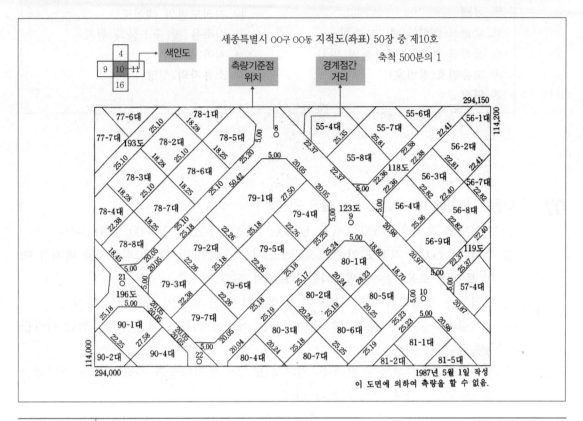

4. 지적도 · 임야도	① 소재 + 지번, ② 지목, (부호)로 표시 : 차(次)문자 【암기】차, 장, 천, 원) ③ 도면의 제명 및 축척 : 1/500, 1/600, 1/1000, 1/1200, 1/2400, 1/3000, 1/6000 ④ 경계 =0.1mm로 등록한다. ⑤ 도면의 색인도 (일람도×) ⑥ 도곽선과 그 수치 ⑦ 좌표에 의하여 계산된 경계점간거리(경계점좌표등록부 시행지역의 **지적도**) ⑧ 삼각점 및 **지적측량기준점**의 위치 : 지적삼각점 : ⊕ ⑨ **건축물 및 구조물의 위치** ┌───┐ │ ※ 경계점좌표등록부 시행지역의 **지적도(임야도×)**에의 특칙 │ ㉠ 도면의 제명 끝에 '**좌표**'(수치×)라고 표시 │ ㉡ 도곽선의 **오른쪽 아래**에 '이 도면에 의하여 측량할 수 없음'이라고 기재 │ ㉢ 좌표에 의하여 계산된 '**경계점간의 거리**'를 등록된다. └───┘ ┌───┐ │ ※핵심정리 ① 경, 생, 도, 거, 위위는 도면에만 있고, │ ① (㉠ 경계, 도면의 ㉡ 도면의 색인도, ㉢ 도곽선, ㉣ 좌표에 의해서 계산된 │ 경계점 간의 거리, ㉤ 지적기준점의 위치, ㉥ 건축물 및 구조물의 위치 등 │ 은 도면에만 등록된다. │ ② (고)유번호, (소)유자, (면)적 등은 도면에 등록하지 않는다. │ 【암기】도면에는 고, 소한 면이 없다 └───┘

06 도면(지적도 및 임야도)의 등록사항이 아닌 것은?

㉠ 경계
㉡ 지적도면의 색인도
㉢ 도곽선(圖廓線)과 그 수치
㉣ 건축물 및 구조물의 위치
㉤ 삼각점 및 지적기준점의 위치
㉥ 지목(축척)
㉦ 고유번호(장번호)
㉧ 소유자의 성명
㉨ 면적

① ㉥　　② ㉠　　③ ㉦, ㉧, ㉨　　④ ㉤　　⑤ ㉣, ㉧

07 다음은 도면에 대한 설명이다. 옳은 것은?

① 지적도의 축척은 1/500, 1/600, 1/1000, 1/1200, 1/2000, 1/3000, 1/6000이다.
② 축척이 1/500인 지적도 안에 가로 3cm, 세로 2cm인 직사각형의 토지를 매매할 때 이 토지가 포용하는 실제면적은 150m²가 된다.
③ 도면에는 경계점의 위치설명도와 경계점의 사진 파일이 등록되어 있다.
④ 경계점좌표등록부시행지역의 임야도에는 좌표에 의하여 계산된 경계점간 거리를 등록한다.
⑤ 경계점좌표등록부를 갖춰 두는 지역의 토지는 토지대장과 지적도 또는 임야대장과 임야도를 함께 갖춰 두어야 한다.

08 공간정보의 구축 및 관리 등에 관한 법령상 지적도에 대한 다음의 설명으로 틀린 것은?

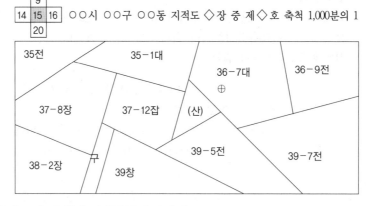

① 이 지적도의 축척은 1,000분의 1이다.
② 이 지역의 토지면적을 대장에 등록할 때에는 제곱미터 이하 한자리 단위로 등록하여야 한다.
③ 이 지역에는 경계점좌표등록부가 비치되지 않는 것이 원칙이다.
④ 36-7에 있는 ⊕ 표시는 지적삼각점을 나타낸다.
⑤ (산)으로 표시된 곳은 임야도에 등록되는 토지임을 나타낸다.

09 경계점좌표등록부를 갖춰두는 지역의 지적도가 아래와 같은 경우 이에 관한 설명으로 옳은 것은?

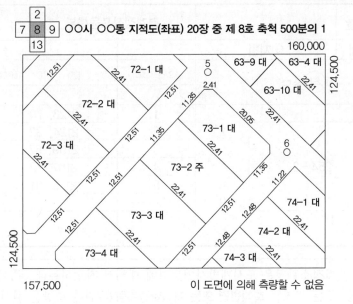

① 이 지역은 임야대장과 임야도가 함께 비치되어 있다.

② 72-2 토지에 대한 면적의 측정은 전자면적계산법에 의한다.

③ 72-2 토지의 경계선상에 있는 22.41은 경계점간의 거리를 좌표로 계산하여 등록한 것이며, 실제 토지에서의 거리가 22m 41cm임을 나타낸다.

④ 위 도면에는 건축물 및 구조물의 위치는 등록할 수 있으나, 지적기준점의 위치는 등록할 수 없다.

⑤ 이 지역에서 경계의 분쟁을 해결하기 위하여 경계복원측량을 할 때에는 500분의 1 축척의 지적도에 의하여야 한다.

핵심테마 8 경계점좌표등록부

①고유번호			경계점좌표등록부		⑦도면번호와 장번호	
②토지소재		③지번				
④부호도			⑤부 호	⑥좌표		
				×	Y	
1		2	1	2123, 79	1630, 19	
	254－2		2	2124, 92	1651, 61	
			3	2109, 67	1653, 51	
5		3	4	2107, 12	1635, 42	
	4		5	2115, 91	1629, 64	

경계점 좌표 등록부	(1) 작성 지역	지적소관청은 도시개발사업토지에 대해서 작성하는데 ㉠계점좌표등록부를 갖춰두는 토지는 **축척변경 또는 지적확정측량**을 위한 측량을 실시하여 경계점을 좌표로 등록한 지역의 토지로 한다. 【암기】 ㉠ ㉠ ㉠
	(2) 등록 사항	소재 + 지번 + ① 고유번호(장번호, 도면번호) ② 부호 및 부호도 ③ 좌표 ① ㉠유번호(장번호,도면번호), ㉠호 및 부호도와 ㉠표는 경계점좌표등록부에 등록되고, ㉠호 및 부호도와 ㉠표는 경계점좌표등록부에만 등록된다. ② 경계점좌표등록부에는 ㉠유자, ㉠계, ㉠적, 지㉠ ×
	(3)	경계점좌표등록부는 (**토지대장과 지적도를 함께** 비치함)
	(4) 정리	① 토지경계결정과 지표상의 복원은 좌표에 의함. (지적도면×) ② 경계점좌표등록부 작성대상의 지적도는 대부분 1/500의 축척으로 작성한다.

10 경계점좌표등록부에 등록사항이 아닌 것은?

> ㉠ 토지의 고유번호   ㉡ 부호 및 부호도
> ㉢ 좌표   ㉣ 경계
> ㉤ 축척(지목)   ㉥ 소유자

① ㉥   ② ㉠   ③ ㉤   ④ ㉡   ⑤ ㉣, ㉤, ㉥

11 다음은 경계점좌표등록부에 관한 설명이다. 옳은 것은?

① 지적소관청은 도시개발사업 등에 따라 새로이 지적공부에 등록하는 토지에 대하여는 경계점좌표등록부를 작성하고 갖춰 두어야 한다.

② 경계점좌표등록부를 비치한 지역에 있어서는 토지의 경계결정과 지표상의 복원은 별도로 비치된 "지적도"에 의한다.

③ 경계점좌표등록부를 갖춰 두는 토지는 축척변경측량 또는 지적현황측량을 실시하여 경계점을 좌표로 등록한 지역의 토지로 한다.

④ 경계점좌표등록부를 갖추두는 지역의 지적도에는 해당 도면 제명 끝에 '수치'라고 표시하고, 도곽선 왼쪽 윗부분에 '이 도면에 의하여 측량할 수 없음'이라고 적는다.

⑤ 면적계산방법은 전자면적측정기에 의한다.

12 공간정보의 구축 및 관리 등에 관한 법령상 토지의 지목과 면적, 개별공시지가를 모두 알 수 있는 지적공부를 나열한 것은?

① 토지대장, 임야대장, 공유지연명부, 대지권등록부

② 토지대장, 임야대장

③ 토지대장, 임야대장, 경계점좌표등록부

④ 지적도, 임야도

⑤ 지적도, 임야도, 경계점좌표등록부

13 공간정보의 구축 및 관리 등에 관한 법령상 토지대장과 지적도의 공통 등록사항을 모두 고른 것은?

> ㉠ 지번
> ㉡ 지목(축척)
> ㉢ 소유자의 성명 또는 명칭, 주소 및 주민등록번호
> ㉣ 토지의 고유번호
> ㉤ 면적

① ㉠, ㉡

② ㉠, ㉡, ㉢

③ ㉠, ㉢, ㉣, ㉤

④ ㉡, ㉢, ㉣, ㉤

⑤ ㉠, ㉡, ㉢, ㉣, ㉤

핵심테마 9) 지적공부의 보관 및 반출

	지적공부	정보처리시스템
관리	시장, 군수, 구청장	**시, 도지사** + 시장, 군수, 구청장
보관	지적서고(20±5. 65±5)	지적정보관리체계
보존	영구히	영구히
반출	천재지변 or **시, 도지사** 승인	
열람/발급	해당지적소관청	**시,군,구 및 읍,면,동** (시,도지사×)
복제		국토교통부장관

14 지적공부의 보존, 반출에 대한 설명이다. 옳은 것은?

① 지적소관청은 해당 청사에 지적서고를 설치하고 그 곳에 지적공부(정보처리시스템을 통하여 기록ㆍ저장한 경우는 제외한다)를 10년간 보존하여야 한다.

② 지적서고는 100장단위로 토지대장(임야대장).일람도, 지적도면을 바인더에 보관하고, 섭씨 20±5, 습도 65±5를 유지해야 한다.

③ 천재지변을 피하기 위하여 필요한 경우에는 시, 도지사의 승인을 얻어 해당 청사 밖으로 지적공부를 반출할 수 있다.

④ 지적공부를 정보처리시스템을 통하여 기록ㆍ저장한 경우 관할 시ㆍ도지사, 시장ㆍ군수 또는 구청장은 지적정보관리체계에 영구히 보존하여야 한다.

⑤ 정보처리시스템을 통하여 저장된 지적공부를 열람하거나 등본발급은 시ㆍ도지사나 시장, 군수, 구청장이나 읍, 면, 동장에 신청할 수 있다.

⑥ 지적소관청은 정보처리시스템을 통하여 기록, 저장하는 지적공부가 멸실되거나 훼손될 경우를 대비하여 지적공부를 복제하여 관리하는 시스템을 구축하여야 한다.

⑦ 지적소관청은 지적공부를 과세나 부동산정책자료 등으로 활용하기 위하여 공시지가전산자료, 주민등록전산자료, 가족관계등록전산자료, 부동산등기전산자료 등을 관리하기 위하여 지적정보전담기구를 설치한다.

⑧ 지적서고의 지적공부 보관상자는 벽으로부터 15센티미터 이상 띄워야 하며, 높이 10센티미터 이상의 깔판 위에 올려놓아야 한다.

핵심테마 10 | 지적전산자료 이용

1. 지적전산자료를 이용·활용하고자 하는 자는 **관계 중앙행정기관장의 심사를** 거쳐 다음구분에 따라 신청(승인×)하여야 한다.

① **전국**단위 전산자료	**국토교통부장관 or 시, 도지사 or 지적소관청**
② 시, 도 단위 전산자료	**시, 도지사 or 지적소관청**
③ 시, 군, 구 단위 전산자료	**지적소관청**
2. 심사에서 제외	① 중앙행정기관장 or 지방자차단체장 신청 ② 자기토지 전산자료 신청 ③ 상속인이 피상속인 전산자료 신청 ④ 개인정보를 제외한 전산자료 신청

15 지적전산자료에 대한 설명으로 틀린 것은?

① 지적전산자료의 이용 또는 활용하려는 자는 미리 관계 중앙행정기관장의 심사를 받아야 한다.

② 다만, 중앙행정기관의 장, 그 소속 기관의 장 또는 지방자치단체의 장이 신청하는 경우에는 그러하지 아니하다.

③ 토지소유자가 자기 토지에 대한 지적전산자료를 신청하는 경우 심사를 받지 아니할 수 있다.

④ 토지소유자가 사망하여 그 상속인이 피상속인의 토지에 대한 지적전산자료를 신청하는 경우에는 심사를 받지 아니할 수 있다.

⑤ 개인정보를 제외한 지적전산자료는 심사받지 아니한다.

⑥ 지적전산자료의 이용시 국토교통부장관이나 시·도지사, 지적소관청 등의 승인을 얻어야 한다.

16 다음은 지적공부에 관한 전산자료의 이용시 신청하는 기관이 옳은 것은?

① 전국 단위의 지적전산자료－국토교통부장관, 시·도지사 또는 지적소관청

② 시, 도 단위의 지적전산자료－국토교통부장관, 시·도지사 또는 지적소관청

③ 시, 도 단위의 지적전산자료－국토교통부장관, 시·도지사

④ 시·군·구(자치구가 아닌 구를 포함한다)단위의 지적전산자료－국토교통부장관, 시·도지사 또는 지적소관청

⑤ 시·군·구(자치구가 아닌 구를 포함한다)단위의 지적전산자료－시·도지사 또는 지적소관청

핵심테마 11 지적공부의 복구

1. 의의	(1) **지적소관청은**(소유자의 신청×) 지적공부의 전부 또는 일부가 멸실되거나 훼손된 경우에는 대통령령으로 정하는 바에 따라 **지체없이** 이를 복구하여야 한다.(**국토교통부장관 승인** ×)

2.
복구
자료
	1. 토지표시에 관한 사항
	  ① 부동산등기사항 증명서 등 등기사실을 증명하는 서류
	  ② 법원의 확정판결서 정본 또는 사본 등
	  ③ 측량결과도 ④ **토지이동정리 결의서**
	  ⑤ 지적공부등본
	  ⑥ 지적소관청이 작성하거나 발행한 지적공부의 내용을 증명하는 서류(부동산 종합증명서)
	  ⑦ 법에 따라 복제된 지적공부
	
	  * 단, 토지이용(계획)확인서×, 측량수행(계획)서 ×, 측량(준비)도 측량(의뢰)서 ×,
	  [암기] 복구 (결과)는 가능하나, 복구, (계획), (준비),(의뢰) 는 안 된다
	2. 소유자에 관한 사항 − ㉠ **부동산등기부**나 ㉡ **법원의 확정판결서**

3.
복구
절차
	① 복구자료를 조사
	② (대장)지적복구자료조사서와 (도면)복구자료도의 작성
	③ **복구측량**의 실시
	  ㉠ 작성된 복구자료도에 따라 측정한 면적과 지적복구자료 조사서의 조사된 면적의 증감이 **허용범위를 초과**하거나 복구자료도를 작성할 복구자료가 없는 경우에는 **복구측량을** 하여야 한다.
	  ㉡ **경계 또는 면적의 조정**: 복구측량을 한 결과가 복구자료와 부합하지 아니한 때에는 토지소유자 및 이해관계인의 **동의를 얻어**(직권×) 경계 또는 면적 등을 조정할 수 있다. 이 경우 경계를 조정한 때에는 경계점표지를 설치하여야 한다.
	④ **게시**: 지적소관청은 복구자료의 조사 또는 복구측량 등이 완료되어 지적공부를 복구하려는 경우에는 복구하려는 토지의 표시 등을 시·군·구(시, 도×) 게시판 및 인터넷 홈페이지에 **15일 이상** 게시하여야 한다.
	⑤ **이의신청**: 복구하려는 토지의 표시 등에 이의가 있는 자는 **게시기간 내에** 지적소관청에 이의신청을 할 수 있다.

17 지적공부의 복구에 관한 관계 자료가 아닌 것은?

> ㉠ 부동산등기부 등본 등 등기사실을 증명하는 서류
> ㉡ 법원의 확정판결서 정본 또는 사본
> ㉢ 지적공부의 등본
> ㉣ 토지이동정리 결의서
> ㉤ 측량 결과도
> ㉥ 토지이용**계획** 확인서
> ㉦ 지적측량수행 **계획서, 측량준비도, 측량의뢰서**

① ㉥, ㉦　　② ㉠　　③ ㉤　　④ ㉡　　⑤ ㉣, ㉤

18 지적공부의 복구절차에 관한 설명으로 옳은 것은?

① 지적소관청은 지적공부의 전부 또는 일부가 멸실되거나 훼손된 경우에 시, 도지사의 승인을 얻어 이를 복구하여야 한다.

  * 지적소관적공부를 복구하려는 경우에는 해당 토지의 소유자에게 지적공부의 복구신청을 하도록 통지하여야 한다×

② 복구하려는 토지의 표시 등에 이의가 있는 자는 15일 이내에 지적소관청에 이의신청을 할 수 있다.

③ 작성된 복구자료도에 따라 측정한 면적과 지적복구자료 조사서의 조사된 면적의 증감이 허용범위를 이내인 경우에는 복구측량을 하여야 한다.

④ 복구측량을 한 결과가 복구자료와 부합하지 아니하는 때에는 토지소유자 및 이해관계인의 동의 없이 직권으로 경계 또는 면적 등을 조정할 수 있다.

⑤ 지적소관청은 복구자료의 조사 또는 복구측량 등이 완료되어 지적공부를 복구하려는 경우에는 복구하려는 토지의 표시 등을 시·군·구 게시판 및 인터넷 홈페이지에 20일 이상 게시하여야 한다.

⑥ 소유자에 관한 사항은 부동산등기부나 법원의 확정판결에 따라 복구하여야 한다.

핵심테마 12 부동산 종합공부

(1) 등록사항 [암기] 소, 표, 이용, 권, 가격	① 토지의 소유자와 표시에 관한 사항 : '공간정보의 구축 및 관리에 관한 법'에 따른 지적공부의 내용 ② 건축물의 소유자와 표시에 관한 사항(토지에 건축물이 있는 경우만 해당한다) : 「건축법」에 따른 건축물대장의 내용 ③ (토지의 이용 ○, 건축물의 이용×) 및 규제에 관한 사항 : 「토지이용규제 기본법」에 따른 토지이용계획확인서의 내용 ④ 그 밖에 부동산의 효율적 이용과 부동산과 관련된 정보의 종합적 관리·운영을 위하여 필요한 사항(=부동산의 등기권리(표시×)에 관한 사항) ⑤ 부동산의 가격 ○, (보상×)에 관한 사항 : 「부동산 가격공시 및 감정평가에 관한 법률」(개별공시지가○, 실거래가액 ×), 개별주택가격 및 공동주택가격 공시내용
(2) 관리 및 운영	① 지적소관청(국토교통부장관×)은 부동산의 효율적 이용과 부동산과 관련된 정보의 종합적 관리·운영을 위하여 부동산 종합공부를 관리·운영한다. ② 지적소관청은 부동산종합공부를 영구히 보존하여야 하며, 부동산종합공부의 멸실 또는 훼손에 대비하여 이를 별도로 복제하여 관리하는 정보관리체계를 구축하여야 한다.

(3) 열람 및 증명서 발급	부동산종합공부를 **열람**하거나 부동산종합공부 기록사항의 전부 또는 일부에 관한 증명서(이하 "부동산종합증명서"라 한다)를 **발급**받으려는 자는 **지적소관청이나 읍·면·동의 장**(시, 도지사 ×)에게 신청할 수 있다.
(4) 등록사항의 정정	부동산종합공부의 등록사항 정정에 관하여는 지적공부등록사항의 정정에 관한사항을 준용한다. (① **소유자의 신청−지적소관청에**(읍, 동×) or **직권**)

19 부동산 종합공부의 등록사항으로 틀린 것은?

① 건축물의 소유자와 표시에 관한 사항 : 「건축법」에 따른 건축물대장의 내용

② 토지의 표시와 소유자에 관한 사항 : 공간정보의 구축 및 관리에 관한 법에 따른 지적공부의 내용

③ 토지의 이용 및 규제에 관한 사항 : 「토지이용규제법」에 따른 토지이용계획확인서 내용 * 건축물 이용 및 규제에 ×

④ 부동산 등기법상 부동산의 권리에 관한 사항이 등록되어 있다.
  * 부동산의 표시에 관한 사항×

⑤ 부동산의 가격에 관한 사항 : 실거래가격 및 공동주택가격의 공시내용
  * 부동산의 보상에 관한 사항×

20 부동산 종합공부의 등록사항으로 옳은 것은?

① 지적소관청은 부동산종합공부를 영구히 보존하여야 하며, 국토교통부장관은 부동산종합공부의 멸실 또는 훼손에 대비하여 이를 별도로 복제하여 관리하는 정보관리체계를 구축하여야 한다.

② 지적소관청은 불일치 등록사항에 대해서는 등록사항을 관리하는 기관의 장에게 그 내용을 통지하여 등록사항 정정을 요청할 수 있다.

③ 부동산종합공부의 등록사항에 잘못이 있는 경우에는 지적소관청의 직권정정만 허용된다.

④ 부동산종합공부를 열람하거나 부동산종합공부 기록사항의 전부 또는 일부에 관한 증명서를 발급받으려는 자는 시, 도지사 또는 지적소관청이나 읍·면·동의 장에게 신청할 수 있다.

⑤ 토지소유자는 부동산종합공부의 토지표시 사항에 잘못 있음을 발견한 경우에는 지적소관청이나 읍, 면, 동장에게 그 정정을 신청할 수 있다.

제4장 토지의 이동 및 지적공부의 정리

핵심테마 13　토지이동 : 토지의 표시를 새로이 정하거나 변경, 말소

종류	대상토지	신청의무(60일) 과태료×	지적측량	등기촉탁	특징
신규등록	공유수면매립지	거짓: 1년 이하 징역 ○	○ 반드시	×	'등'자 나오면 틀린다
등록전환	산, 계획, 임, 임	○	○ 반드시	○	'등, 산, 계획, 임, 초권, 이등
분할	소, 경, 매, 용	1) 원칙: × 2) 용도변경시	○ 반드시	○	지목(용도)변경시 신청의무
합병	부여, 소, 목, 축, 연, 등, 임, 창, 용, 승	1) 원칙: × 2) 주공(짝수)	×	○	지적측량 ×
지목변경	형질 + 용도, 합병	○	×	○	지적측량 ×
바다말소	1) 원상회복× 2) 지목변경×	90일	전부× 일부○	○	지적공부정리수수료 ×, 측량비용부담×

토지이동○ : 7. 축척변경, 8. 등록사항정정, 9. 행정구역변경

토지이동× : 1. ㉙별공시지가변경, 2. ㉒유자변경, 3. 소유자㉗소변경

(암기 개, 소, 주 는 토지이동×)

1. 신규등록 : 새로이 등록된 토지 및 등록이 누락된 토지를 지적공부에 등록

(1) 첨부서면 (소유권 증명 서면)	① 공유수면매립 ㉣공검사확인증 사본 ② 도시구획토지를 지방자치단체명의로 등록하는 때는 ㉾획재정부장관과 협의한 문서의 사본 ③ 법원의 확정㉤결서 정본, 사본 ④ 그밖에 ㉒유권을 증명할 수 있는 서류의 사본 등. (암기 ㉣, ㉾, ㉤, ㉒) × : 등기사항 증명서 · 등기필정보, 지형도면 등 ⑤ 각 호의 어느 하나에 해당하는 서류를 해당 지적소관청이 관리하는 경우에는 **지적소관청(시, 도지사×)의 확인**으로 그 서류의 제출을 갈음할 수 있다.

<table>
<tr>
<td rowspan="4">(2)
특징</td>
<td>⚫알기 신규등록은 '(등)'자만 나오면 틀린다.</td>
</tr>
<tr>
<td>① (등)기촉탁하지 않는다.</td>
</tr>
<tr>
<td>② 소유권증명서류에 (등)기사항증명서는 제출하지 않는다.</td>
</tr>
<tr>
<td>③ 신규등록하는 토지의 표시사항과 소유자는 지적소관청이 이를 조사ㆍ확인하여 등록 하고, (등)기부를 기초로 등록하지 않는다.</td>
</tr>
</table>

01 토지소유자가 신규등록을 신청할 때에는 신규등록 사유를 적은 신청서에 해당 서류를 첨부하여 지적소관청에 제출하여야 한다. 이 경우 첨부해야 할 해당 서류가 아닌 것은?

> ㉠ 등기사항 증명서
> ㉡ 토지이동정리 결의서
> ㉢ 「공유수면 관리 및 매립에 관한 법률」에 따른 준공검사확인증 사본
> ㉣ 도시계획구역의 토지를 그 지방자치단체의 명의로 등록하는 때에는 기획재정부장관과 협의한 문서의 사본
> ㉤ 법원의 확정판결서 정본 또는 사본
> ㉥ 소유권을 증명할 수 있는 서류의 사본

① ㉠ ② ㉠, ㉡ ③ ㉠, ㉡, ㉤ ④ ㉠, ㉡, ㉣ ⑤ ㉢, ㉣

02 신규등록에 관한 설명 중 옳은 것은?

① 토지소유자는 보존등기가 된 날로부터 60일 이내에 지적소관청에 신규등록을 신청하여야 한다.

② 지적소관청은 신규등록하는 경우 지적공부의 소유자란은 등기소의 통지에 따라 등록한다.

③ 지적소관청은 신규등록하는 경우 지적공부의 소유자란은 지적소관청이 직접 조사하여 등록한다.

④ 신규등록신청시 어느 하나에 해당하는 서류를 해당 지적소관청이 관리하는 경우에는 시, 도지사의 확인으로 그 서류의 제출을 갈음할 수 있다.

⑤ 지적소관청은 신규등록을 하면 소유권보존등기를 등기촉탁한다.

⑥ 신규등록을 하는 토지의 지번은 그 지번부여지역의 최종 본번의 다음 순번부터 본번으로 부여하는 것이 원칙이다.

핵심테마 14 | **2. 등록전환 : 임야대장(임야도)의 토지를 토지대장(지적도)**

2.대상토지 **암기** 등, ㉠, ㉡, ㉢㉢	① 「(㉠)지관리법」에 따른 산지전용허가, 「건축법」에 따른 건축허가·신고 또는 그 밖의 관계 법령에 따른 개발행위 허가 등을 받은 경우(지목변경과 관계없이 등록전환할 수 있음) ② 도시, 군관리 ㉡선에 따라 토지를 분할하는 경우 ③ 대부분의 토지가 등록전환되어 **나머지 토지를** ㉢야도에 계속 존치하는 것이 불합리한 경우 ④ ㉢야도에 등록된 토지가 사실상 형질변경 되었으나 지목변경을 할 수 없는 경우 등록전환할 수 있다.
3.면적결정	⑤ **허용오차를** (㉠)과하는 경우에는 **직**㉡(소유자 신청×)으로 정정하고, ⑥ **오차허용범위** (㉢)내인 때 ㉣록전환, (임야대장 면적×)될 면적을 등록전환면적으로 한다. **암기** ㉠㉡, ㉢㉣

03 **등록전환 신청에 관한 설명이다. 옳지 않은 것은?**

① 「산지관리법」에 따라 산지전용 허가, 건축법에 건축허가 등 개발행위허가 등을 받은 경우는 등록전환을 신청할 수 있다.

② 도시, 군 관리계획선에 따라 토지를 분할하는 경우 등록전환을 신청할 수 있다.

③ 임야대장의 면적과 등록전환될 면적의 차이가 오차허용범위 초과하는 경우에는 임야대장의 면적 또는 임야도의 경계는 소유자의 신청으로 정정한 후 등록전환을 하여야 한다.

④ 임야도에 등록된 토지가 사실상 형질변경 되었으나 지목변경을 할 수 없는 경우에는 지목변경 없이 등록전환을 신청할 수 있다.

⑤ 등록전환이 완료되었을 경우에는 관할등기소에 별도의 토지표시변경등기를 촉탁하여야 한다.

⑥ 공간정보의 구축 및 관리 등에 관한 법령상 등록전환을 할 때 임야대장의 면적과 등록전환될 면적의 차이가 오차의 허용범위를 이내인 경우는 지적소관청은 등록전환될 면적을 등록전환 면적으로 결정한다.

⑦ 개발행위 허가 등을 증명하는 서류를 그 지적소관청이 관리하는 경우에는 그 지적소관청으로부터 발급받아 제출하여야 한다.

3. 분할

1. 대상토지 〔암기〕 ⓢ, ⓖ, ⓜ, ⓨ 분할 한다	신청 의무 (×)	① (ⓢ)유권이전 ② 토지이용상 불합리한 지상ⓖ계를 시정 ③ (ⓜ)매등 다만, 관계 법령에 따라 해당 토지에 대한 분할이 개발행위 허가 등의 대상인 경우에는 **개발행위 허가 등을 받은 이후**(이전×)에 분 할을 신청할 수 있다. <개정 2020. 6. 9.>
	신청 의무 (60일)	④ 1필지의 일부가 **형질 변경 등으로 용도가** 다르게 된 때. ⑤ 이 경우 분할을 신청할 때에는 지목변경 신청서를 **함께 제출**하여야 한다.
2. 특징		① 이 경우 분할에 따른 경계는 원칙적으로 지상건물을 걸리게 하거나 관통하게 설 정할 수 없다.(단, 공, 사, 계, 판은 제외됨) ② 면적 : 　ⓖ ⓑ할시 면적을 정함에 있어서 오차가 발생하는 경우 그 오차가 허용범위 　　ⓘ내인 때에는 그 오차를 분할 후의 각 필지의 면적에 ⓝ누고, 허용범위를 　　초과하는 경우에는 지적공부상의 면적 또는 경계를 정정하여야 한다. 〔암기〕 ⓑ, ⓘ, ⓝ

---

04 분할 신청에 관한 설명이다. 옳지 않은 것은?

① 소유권이전, 매매 등을 위하여 필요한 경우나 토지이용상 불합리한 지상경계를 시정하기 위한 경우에 토지분할이 포함된 개발행위허가의 대상인 경우에는 개발행위허가 받기 이전에도 분할신청할 수 있다.

② 토지소유자는 지적공부에 등록된 1필지의 일부가 형질변경 등으로 용도가 변경된 경우에는 대통령령으로 정하는 바에 따라 용도가 변경된 날부터 60일 이내에 지적소관청에 토지의 분할을 신청하여야 한다.
* 소유권이전, 매매 등을 위하여 필요한 경우나 토지이용상 불합리한 지상경계를 시정하기 위한 경우 **60일 이내**에 분할을 신청해야 한다 ×

③ 토지이용상 불합리한 지상 경계를 시정하기 위한 경우 분할을 하는 경우 지상건축물이 걸리게 분할할 수 없다.

④ 공공사업으로 도로를 개설하기 위하여 토지를 분할하는 경우에는 지상건축물이 걸리게 지상경계를 결정할 수 있다.

⑤ 1필지의 일부가 형질변경 등으로 용도가 변경되어 분할을 신청할 때에는 지목변경 신청서를 함께 제출하여야 한다.

⑥ 토지를 분할하는 경우 1필지의 지번은 분할 전의 지번으로 하고, 나머지 필지의 지번은 본번의 최종 부번 다음 순번으로 부번을 부여하여야 한다.

핵심테마 15 **합병**

1. 대상토지 [암기] 부여, 소, 목, 축, 연, 등, 합필 신, 임, 창, 용, 승이야

다음 각 호의 어느 하나에 해당하는 경우에는 합병 신청을 할 수 없다.

1) 합병하려는 토지의 지번 부여 지역, 소 유자가 서로 다른 경우
   ① 합병하려는 토지의 소유자별 **공유지분이 다른 경우** 합병할 수 없다.
   ② **소유자의 주소가 서로 다른 경우** 합병할 수 없다. (단, 지적소관청이 주민등록표 등에 의하여 소유자가 동일인임이 확인된 경우는 합병할 수 있다)

2) 합병하려는 토지의 지 목 이 서로 다른 경우
   ① 합병하려는 각 필지의 지목은 같으나 일부 토지의 용도가 다르게 되어 분할대상 토지인 경우는 합병할 수 (없다). 다만, 합병 신청과 동시 에 토지의 용도에 따라 분할 신청을 하는 경우에는 합병할 수 (있다).

3) 합병하려는 토지의 지적도 및 임야도의 축척이 서로 다른 경우
   ① 합병하려는 토지가 구획정리, 경지정리 또는 축 척변경을 시행하고 있는 지역의 토지와 그 지역 밖의 토지인 경우는 합병할 수 없다.

4) 합병하려는 각 필지가 서로 연 접하지 않은 경우

5) 합병하려는 토지가 등 기된 토지와 등기되지 아니한 토지인 경우 합병할 수 없다.

6) **합병이 가능한 등기**
   ① 등기사항이 동일한 신탁 **등기,**
   ② **소유권·지상권·전세권 또는** 임 **차권의 등기**
   ③ 합병하려는 토지 전부에 대한 등기원인(登記原因) 및 그 연월일과 접수번호가 같은 **저당권**의 등기(창 설적공동저당)
   ④ **승역지에 대한 지역권의 등기**는 합병할 수 있다.

7) **합병이 불가능한 등기**
   ※ 요역지에 대한 지역권의 등기 (×)
   ※ 저당권 (×)
   ※ 합병하려는 토지 전부에 대한 등기원인 및 그 연월일과 접수번호가 다른 저당권의 등기 - 추가적 공동저당 (×)
   ※ 가등기·가압류·가처분·경매개시결정에 관한 등기 (×)

2.신청 의무	(1) 원칙: 신청의무는 없다. (2) 예외: (60일 이내에 신청하여야 할 경우) ① 주 택법에 의한 (공)동주택부지 ② (수)도용지, (학)교용지, (도)로, (철)도, (제)방, (하)천, (구)거, (유)지, (공)원, (공)장용지, (체)육용지(짝수 지목)는 등의 지목으로 연접하여 있으나, 2필지 이상으로 등록된 토지를 합병할 때 의무적 합병대상토지이다. [암기] 주 공! 수 학 도 철 저(제)이 하 구 유 공 공 체)=짝수 지목
3.특징	합병의 경우는 지적측량×, 면적측정× (경계는 말소하고, 면적은 합산한다.)

05 토지의 합병 신청에 관한 설명이다. 옳지 않은 것은?

① 합병하려는 토지의 지번부여지역, 지목 또는 소유자가 서로 다른 경우에는 합병 신청을 할 수 없다.

② 합병하려는 토지의 소유자별 공유지분이 다른 경우 합병할 수 없다.

③ 지적소관청이 주민등록표초본에 의해서 소유자가 동일인임이 확인된 경우에도 소유자의 주소가 다른 경우에는 합병할 수 없다.

④ 합병하려는 토지가 구획정리, 경지정리 또는 축척변경을 시행하고 있는 지역의 토지와 그 지역 밖의 토지인 경우에는 합병 신청을 할 수 없다.

⑤ 합병하려는 각필지가 서로 연접하지 않은 경우는 합병할 수 없다.

⑥ 소유권 · 지상권 · 전세권 또는 임차권의 등기에는 합병 신청을 할 수 있다.

⑦ 합병하려는 토지 전부에 대한 「부동산등기법」 제81조 제1항 각 호의 등기사항이 동일한 신탁등기가 존재할 경우 합병할 수 있다.

06 토지의 합병 신청에 관한 설명이다. 옳지 않은 것은?

① 요역지(要役地)에 대한 지역권의 등기에는 합병 신청을 할 수 없다.

② 합병하려는 토지 전부에 대한 등기원인(登記原因) 및 그 연월일과 접수번호가 다른 저당권(추가적공동저당)의 등기에는 합병 신청을 할 수 있다.

③ 토지소유자는 「주택법」에 따른 공동주택의 부지, 수도용지, 학교용지, 도로, 철도용지, 제방, 하천, 구거, 유지, 공장용지, 공원 · 체육용지 등 토지로서 합병하여야 할 토지가 있으면 그 사유가 발생한 날부터 60일 이내에 지적소관청에 합병을 신청하여야 한다.

④ 합병하려는 각 필지의 지목은 같으나 일부 토지의 용도가 다르게 되어 분할대상 토지인 경우에는 합병 신청을 할 수 없다.

⑤ 다만 ④의 경우 합병 신청과 동시에 토지의 용도에 따라 분할 신청을 하는 경우는 합병 신청할 수 있다.

⑥ 가압류, 가처분이 등기된 토지는 합병할 수 없다.

⑦ 지적소관청은 토지소유자의 합병신청에 의하여 토지의 이동이 있는 경우에는 지적공부를 정리하여야 하며, 이 경우에는 토지이동정리 결의서를 작성하여야 한다.

5. 지목변경

1. 대상토지 (형질)과 (용도)가 (합병)하면	① '국토의 계획 및 이용에 관한 법률' 등 관계법령에 의한 토지의 (형질)변경 등의 공사가 준공된 경우 ② 토지 또는 건축물의 (용도)가 변경된 경우 ③ 도시개발사업 등의 원활한 사업추진을 위하여 **사업시행자가** 공사준공 전에 토지의 (합병)을 **신청**하는 경우는 용도가 변경된 토지로 보아 지목변경을 신청할 수 있다.
2. 특징	① 지적측량 × ② 일시적 · 임시적으로 용도가 바뀐 경우는 지목변경 할 수 없다. ③ 첨부서류생략 개발행위허가, 농지전용허가, 보전산지전용허가 등 지목변경과 관련된 규제를 받지 아니하는 토지의 지목변경이거나 전, 답, 과수원 상호간의 지목변경인 경우에는 위의 서류의 첨부를 **생략할 수 있다.** ④ 첨부서류제출의 갈음 위의 서류를 지적소관청이 관리하는 경우에는 지적소관청의 확인으로써 그 서류의 제출에 갈음할 수 있다.

07 토지이동에 관한 설명이다. 옳은 것은?

① 「국토의 계획 및 이용에 관한 법률」 등 관계 법령에 따른 토지의 형질변경 등의 공사가 준공된 경우에는 등록전환을 신청할 수 있다.

② 토지의 용도가 변경된 경우에는 지목변경을 신청할 수 있으나 건축물의 용도가 변경된 경우에는 지목변경을 신청할 수 없다.

③ 도시개발사업 등의 원활한 추진을 위하여 토지소유자가 공사 준공 전에 토지의 합병을 신청하는 경우에는 지목변경을 신청할 수 있다.

④ 지목변경에 따른 첨부서류를 해당 지적소관청이 관리하는 경우에는 시, 도지사의 확인으로 그 서류의 제출에 갈음할 수 있다.

⑤ 개발행위허가 · 농지전용허가 · 보전산지전용허가 등 지목변경과 관련된 규제를 받지 아니하는 토지의 지목변경이나 전 · 답 · 과수원 상호간의 지목변경인 경우에는 형질변경 등의 공사가 준공되었음을 증명하는 용도변경의 서류의 첨부를 생략할 수 있다.

⑥ 합병하려는 토지 전부에 관하여 등기원인 및 그 연월일과 접수번호가 같은 가압류 등기가 존재할 경우 토지합병 신청이 가능하다.

08 바다로 된 토지의 등록말소에 관한 설명으로 옳은 것은?

① 바다로 되어 말소된 토지가 지형의 변화 등으로 다시 토지가 된 경우 토지소유자는 그 사유가 발생한 날부터 90일 이내에 토지의 회복등록을 지적소관청에 신청하여야 한다.

② 토지가 바다로 된 경우에는 그 날로부터 90일 이내에 토지소유자가 지적소관청에 등록말소신청을 하여야 한다.

③ 지적소관청이 직권으로 등록말소를 할 경우에는 시·도지사의 승인을 받아야 하며, 시·도지사는 그 내용을 승인하기 전에 토지소유자의 의견을 청취하여야 한다.

④ 지적소관청은 바다로 된 토지의 등록말소 신청에 의하여 토지의 표시 변경에 관한 등기를 할 필요가 있는 경우에는 지체 없이 관할 등기관서에 그 등기를 촉탁하여야 한다.

⑤ 지적공부의 등록사항을 직권으로 말소하거나 회복등록을 한 지적소관청은 토지소유자 및 시·도지사에게 통지하여야 한다.

핵심테마 16 축척변경

지적도만, 소축척→대축척	소유자 2/3동의	축척변경위원회 (심의)	시, 도지사 승인⇨	20일 이상 시행공고⇨	30일이내 경계점표시 설치의무⇨	지번별조서 작성 ⇨

청산금 공고 15일이상	⇨	납부고시 수령통지 20일내	⇨	납부, 지급 6개월이내	축척변경 확정공고 지체없이	이의신청 1월 이내 (지적소관청에) ⇨

(암기) 2/3 (동),20(시), 30(경), (청산) 가리15개, 고통(20)배, 6.6.1)

(1) 의의	소유자의 (신청) 또는 지적소관청의 (직권)으로 지적도에 등록된 경계점의 정밀도를 높이기 위하여 **작은 축척을 큰 축척**으로 변경하여 등록하는 것	
(2) 요건	대상	(1) 잦은 토지이동(분할)으로 인하여 1필지의 규모가 작아서 소축척으로는 지적 측량성과의 결정이나 토지의 이동에 따른 정리가 곤란한 때(정밀성) (2) 동일한 지번부여지역 안에 서로 다른 축척의 지적도가 있는 때(통일성)
	절차적 요건	1) 축척변경시행지역 내의 토지소유자 2/3 **이상의** (동)의를 얻을 것 2) **축척변경위원회의 심의, 의결**을 거칠 것 3) **시, 도지사의 승인**을 얻을 것 단, 축척변경시 위원회의 심의, 의결이나 시·도지사나 대도시시장의 승인이 필요치 **않은** 경우 ① **합병**을 하고자 축척을 변경하는 경우

구 분	내 용 <small>암기</small> ⑳ 시, ㉚ 경
4)시행공고	시, 도지사 승인 후 지체없이 리·동의 게시판에 ⑳일 이상 (시)행 공고
5)경계표시 의무	시행지역 내의 토지 소유자 **또는** **점유자** 시행공고가 있는 날로부터 ㉚일 이내에 시행공고일 현재의 **점유상태 경계**에 ㉾계점표지를 설치하여야 한다.
6)새로 토지표시사항 결정	① 경계점표시를 기준으로 새로운 축척에 의해서 면적, 경계, 좌표결정한다. ② 지번은 (지적확정측량=종전지번중 본번) 부여방법을 준용한다. ③ 면적측정결과 축척변경 전의 면적과 변경 후의 면적의 오차가 허용면적 **이 내**인 경우에는 축척변경 **전의 면적**을 결정면적으로 한다. 다만, 허용면적을 초과하는 경우에는 축척변경 **후의 면적**을 결정면적으로 한다.
7)지적공부정리 등의 정지됨	① 축척변경 시행기간 중에는 축척변경 확정공고일까지 시행지역 내의 지적공 부정리와 경계측량을 할 수 없다. ② 단, 축척변경위원회의 의결이 있는 때와 경계점표지의 설치를 위한 경계복 원측량은 제외한다.

8) 지번별 조서작성

	전	후	증감	m²(축척변경위원회)	청산금
11번	200m²	210m²	+ 10m²	10만	+ 100만
12	200	200	0	8만	0
13	200	180	−20	9만	−180

9) 청산금의 처리 <small>암기</small> 청산 가리 ⑮ 개, 고 통 ⑳ 배, 6, 6, 1

(1) 산출	1) 청산금 = 증감면적에 지번별 m²금액을 곱하여 결정한다. 　㉠ 이 경우 **지적소관청**은 시행공고일 가격을 기준으로 미리 조사하여 **축척변경위 원회**에 제출한다. 　㉡ 지번별 m² 금액은 축척변경위원회 의결로 결정한다. 2) 청산하지 않는 경우 　㉠ 증감면적 차이 허용범위 **이내**인 경우(단, 축척변경위원회의 의결이 있으면 가능 　㉡ 소유자 전원이 **청산하지 않기로 서면 합의시**)
(2) 청산금공고	청산금 산출 후 ⑮일 이상 공고한다.(일반인 열람)
(3) 납부고지 수령통지	① 결정공고일로부터 ⑳일 내에 토지소유자에게 납부(고)지 또는 수령(통)지한다. ② 납부고지를 받은 자는 고지받은 날로부터 6월 내에 지적소관청에 납부한다. ③ 수령할 청산금은 수령통지일로부터 6월 내에 **지급**한다. 　(단, 행방불명이나 수령 거부시 공탁 가능하다.)

(4) 이의신청	1) 납부고지 또는 수령통지를 받은 날로부터 1월 내에 지적소관청에 **이의신청**이 가능하다. 2) 축척변경위원회는 1월내 심의하여 결정하고, 지적소관청은 이의신청인에게 통지한다.
(5)수입, 부담	초과액 − **지방자치단체의 수입**, 부족액 − 지방자치단체가 부담으로 한다.
(6)**축척변경의** 확정공고	1) 청산금의 징수 및 지급이 완료된 때 지적소관청은 **지체없이** 축척변경 확정공고 한다. 2) 축척변경에 관한 확정 **공고일**에 **토지이동**이 있는 것으로 본다.
(7)**지적정리**	지적소관청은 지적공부를 정리하고 관할등기소에 등기 촉탁한다.

10) 축척변경위원회

1) 구성 (심의·의결)	① **지적소관청에 속하며** 5인 이상 10인 이하로 구성한다. ② 그중 토지소유자가 1/2 되어야 한다. ③ 소유자가 5인 이하시 전원을 위원으로 한다.
2) 위원장 및 위원	① 위원 ㉠ 축척변경시행지역안의 토지소유자 중 지역사정에 정통한 자와 ㉡ 지적에 관한 전문지식을 가진 자 중에서 지적소관청이 위촉한다. ② 위원장: 위원 중에서 **지적소관청이 지명**
3) 심의, 의결 기능	(1) 축척변경(시)행계획에 관한 사항 [암기] (시)(청)(청)(소) (2) 지번별 m²당 가격의 결정과 (청)산금의 산출에 관한 사항 (3) ((청))산금에 관한 이의신청에 관한 사항 (4) 그 밖에 축척변경에 관하여 지적((소))관청이 부의한 사항
4) 회의	① 통지: 위원장은 회원소집 **5일 전** 각 위원에게 **서면**으로 통지한다.

09 축척변경의 절차에 관한 설명 중 옳은 것은?
① 축척변경의 경우에는 축척변경위원회의 의결 및 시·도지사 또는 대도시 시장의 승인이 반드시 필요하다.
② 합병하려는 토지가 축척이 다른 지적도에 각각 등록되어 있어 축척변경을 하는 경우에는 축척변경위원회의 의결 및 시·도지사 또는 대도시 시장의 승인을 없이 축척변경을 할 수 있다.
③ 작은 축척을 큰 축척으로 변경하는 것이든 큰 축척에서 작은 축척으로 변경하는 것이든 모두 축척변경에 포함된다.
④ 토지소유자의 신청에 의한 축척변경은 불가능하다.
⑤ 축척변경에 관한 사항을 심의·의결하기 위하여 국토교통부에 축척변경위원회를 둔다.
⑥ 축척변경의 승인신청을 받은 시·도지사 또는 대도시 시장은 「전자정부법」 제36조에 따른 행정정보의 공동이용을 통하여 축척변경 대상지역의 지적도 및 임야도를 확인하여야 한다.

10 축척변경의 절차에 관한 설명 중 옳은 것은?

① 지적소관청은 하나의 지번부여지역에 서로 다른 축척의 지적도 또는 임야도가 있는 경우에는 토지소유자의 신청 또는 지적소관청의 직권으로 일정한 지역을 정하여 그 지역의 축척을 변경할 수 있다.

② 지적소관청은 축척변경을 하려면 축척변경 시행지역의 토지소유자 2분의 1 이상의 동의를 받아 축척변경위원회의 의결을 거친 후 시 · 도지사 또는 대도시 시장의 승인을 받아야 한다.

③ 지적소관청은 축척변경 시행기간 중에는 축척변경 시행지역의 지적공부정리와 경계복원측량(경계점표지의 설치를 위한 경계복원측량은 제외한다)을 축척변경 확정공고일까지 정지한다.

④ 지적소관청은 시 · 도지사 또는 대도시 시장으로부터 축척변경 승인을 받았을 때에는 지체 없이 15일 이상 시행공고 하여야 한다.

⑤ 지적소관청은 시행공고가 된 날로부터 30일 이내에 시행공고일 현재 점유하고 있는 경계에 국토교통부령으로 정하는 경계점표지를 설치하여야 한다.

⑥ 합병하려는 토지가 축척이 다른 지적도에 각각 등록되어 있어 축척변경을 하는 경우에는 각 필지별 지번 · 지목 및 경계는 종전의 지적공부에 따르고 면적만 새로 정하여야 한다.

11 공간정보의 구축 및 관리 등에 관한 법령상 지적소관청이 지체 없이 축척변경의 시행공고를 하여야 하는 때로 옳은 것은?

① 청산금의 납부 및 지급이 완료되었을 때

② 축척변경을 위한 측량이 완료되었을 때

③ 시, 도지사의 승인을 얻은 때

④ 축척변경에 관한 측량에 따라 변동사항을 표시한 축척변경 지번별 조서 작성이 완료되었을 때

⑤ 축척변경에 따라 확정된 사항이 지적공부에 등록되었을 때

12 축척변경시 청산절차에 관한 설명 중 옳지 않은 것은?

① 축척변경위원회는 시행공고일 현재를 기준으로 당해 지역의 토지에 대하여 지번 별로 ㎡당 가격을 미리 조사하여 지적소관청에 제출하여야 한다.

② 필지별 증감면적이 허용범위 이내인 경우에는 청산하지 아니한다. 다만, 축척변경 위원회의 의결이 있는 경우는 청산한다.

* 토지소유자 전원이 청산하지 아니하기로 합의하여 서면으로 제출한 경우에는 청산하지 아니한다. 다만, 축척변경위원회의 의결이 있는 경우는 청산한다 ×

③ 청산금을 산정한 결과 증가된 면적에 대한 청산금의 합계와 감소된 면적에 대한 청산금의 합계에 차액이 생긴 경우 초과액은 그 지방자치단체의 수입으로 하고, 부족액은 그 지방자치단체가 부담한다.

④ 지적소관청은 청산금을 산정하였을 때에는 청산금 조서를 작성하고, 청산금이 결정되었다는 뜻을 15일 이상 공고하여 일반인이 열람할 수 있게 하여야 한다.

⑤ 지적소관청은 청산금의 결정을 공고한 날부터 20일 이내에 토지소유자에게 청산금의 납부고지 또는 수령통지를 하여야 한다.

13 축척변경시 청산절차에 관한 설명 중 옳은 것은?

① 축척변경 시행지역의 토지는 토지의 표시가 지적공부에 등록된 때에 토지의 이동이 있는 것으로 본다.

* 축척변경은 축척변경의 시행공고일에 토지의 이동이 이루어진 것으로 본다 ×

② 납부고지를 받은 자는 그 고지를 받은 날부터 3개월 이내에 청산금을 지적소관청에 내야 한다.

③ 지적소관청은 청산금을 지급받을 자가 행방불명 등으로 받을 수 없거나 받기를 거부할 때에는 그 청산절차를 중단한다.

④ 청산금이 납부 및 지급이 완료되었을 때에는 지적소관청은 지체없이 축척변경확정공고를 하여야 한다.

⑤ 청산금에 관하여 이의가 있는 자는 납부고지 또는 수령통지를 받은 날부터 1개월 이내에 축척변경위원회에 이의신청을 할 수 있다.

14 축척변경위원회의 구성 등에 관한 설명이다. 틀린 것은?

① 축척변경위원회는 5명 이상 10명 이하의 위원으로 구성하되, 위원의 2분의 1 이상을 토지소유자로 하여야 한다.

② 위원장은 위원 중에서 지적소관청이 지명한다.

　* 위원장은 위원 중에서 국토교통부장관이 지명한다 ×

③ 위원은 해당 축척변경 시행지역의 토지소유자로서 지역 사정에 정통한 사람과 지적에 관하여 전문지식을 가진 사람 중에서 지적소관청이 위촉한다.

④ 위원장은 축척변경위원회의 회의를 소집할 때에는 회의일시·장소 및 심의안건을 회의 개최 5일 전까지 각 위원에게 구두나 서면으로 통지하여야 한다.

⑤ 축척변경 시행지역의 토지소유자가 5명 이하일 때에는 토지소유자 전원을 위원으로 위촉하여야 한다.

15 축척변경위원회의 심의, 의결사항이 아닌 것은?

① 축척변경시행계획에 관한 사항

② 지번별 m²당 가격에 관한사항

③ 축척변경 승인에 관한 사항

④ 청산금 산정에 관한 사항

⑤ 청산금의 이의신청에 관한 사항

⑥ 지적소관청이 부의한 사항

핵심테마 17 지적공부 등록사항의 오류정정

등록사항의 오류 정정

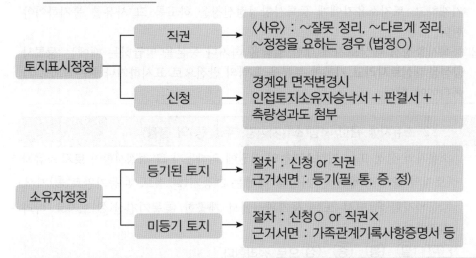

(I) 토지표시사항(지목, 면적, 경계 등)의 정정	
1) 직권에 의한 정정 (암기) 결의서or성과 다르게 직권, 면적환산 잘못직권, 잘못입력 직권, 당시잘못 직권, 경계위치 잘못직권, 지적위원회 의결 직권, 각하 통지 직권으로 정정한다.	① **토지이동정리결의서**(토지이용계획서×)의 내용과 다르게 정리된 경우 ② **지적측량성과도**(지적측량×)와 다르게 정리된 경우 ③ 면적환산을 **잘못**한 경우(척관법→미터법 변경) ④ 지적공부등록사항이 잘못입력 된 경우 ⑤ 지적공부의 **작성 또는 재작성** 당시잘못 정리된 경우 ⑥ 도면에 등록된 필지가 **면적의 증감없이** 경계위치만 잘못 등록된 경우 ⑦ 지적위원회 **지적측량적부심사** 의결서에 의하여 지적공부의 등록사항을 정정하여야 하는 경우 ⑧ 토지의 합필등기신청의 각하에 의한 **통지**가 있는 경우 (단, 지적소관청이 착오로 잘못 합병한 경우만) ×: ① 등기부에 기재된 **토지의 표시**가 지적공부와 부합하지 않은 때에는 등기부를 먼저 정리해야 한다 ② 도면에 등록된 필지가 **면적의 증감하여 경계를 변경**하는 경우 ③ 측량준비도와 다르게 정리되는 경우 ④ 미등기된 토지의 소유자를 정정하는 경우
2) 소유자의 신청에 의한 정정	인접토지의 경계가 변경되는 경우 ; 인접 토지소유자의 **승낙서** 또는 이에 대항할 수 있는 확정**판결서**의정본 또는 사본 +**등록사항정정측량성과도** 함께 제출한다.

3)등록사항 정정대상 토지의 관리 등	① 지적소관청이 지적공부에 등록된 토지의 표시에 잘못이 있음을 발견한 때에는 지체 없이 등록사항정정에 필요한 서류와 등록사항정정측량성과도를 작성하고, 토지이동정리결의서를 작성한 후 대장의 사유란에 '**등록사항정정대상토지**'라고 기재하고, 토지소유자에게 등록사항정정신청을 하도록 그 사유를 통지하여야 한다. ② 등록사항정정 대상토지에 대한 열람을 하거나 등본을 발급하는 때에는 '**등록사항정정 대상토지**'라고 기록한 부분을 흑백의 반전으로 표시하거나 **붉은색**으로 기록하여야 한다.

(2) 소유자에 관한 사항(소유자성명, 주소 등)의 정정	
① **기등기된 토지**	소유자의 신청 또는 지적소관청의 직권에 의하든지 그 정정사항이 **토지** 소유자 (토지의 표시×)에 관한 사항일 때에는 ㉠등기⟨**필**⟩정보, ㉡등기완료⟨**통**⟩지서, ㉢등기사항⟨**증**⟩명서 또는 등기관서에서 제공한 ㉣등기전산⟨**정**⟩보자료 따라 정정한다. ⟨암기⟩ ⟨**필**⟩, ⟨**통**⟩, ⟨**증**⟩, ⟨**정**⟩으로 정리한다.
② **미등기된 토지**	미등기된 토지는 토지소유자의 신청의 경우에만(직권×) **가족관계기록사항 증명서**에 의하여 정정한다.

16 다음 중 지적소관청이 지적공부의 토지표시를 직권정정할 수 없는 경우는?

① 토지이동정리 결의서의 내용과 다르게 정리된 경우

   * 토지이용계획확인서와 다르게 작성된 경우는 직권정정사유다 ×

② 지적측량성과와 다르게 정리된 경우

   * 측량 준비 파일과 다르게 정리된 경우 ×, 지적측량이 잘못된 경우 ×

③ 지적도 및 임야도에 등록된 필지가 면적의 증감 없이 경계의 위치만 잘못된 경우

④ 지적도 및 임야도에 등록된 필지가 면적의 증감 하여 경계의 변경이 있는 경우

⑤ 지적공부의 작성 또는 재작성 당시 잘못 정리된 경우

17 다음 중 지적소관청이 지적공부를 직권정정할 수 없는 경우는?

① 지적측량적부심사에 따른 지적위원회의 의결에 의하여 지적공부의 등록사항을 정정하여야 하는 경우

② 면적의 단위가 척관법에서 미터법으로 변경됨에 따른 면적 환산이 잘못된 경우

③ 합병등기 각하에 따른 등기관의 통지가 있는 경우 따른 통지가 있는 경우(단, 지적소관청이 잘못 합병한 경우만)

④ 지적공부의 등록사항이 잘못 입력된 경우

⑤ 등기부상의 토지의 표시가 지적공부와 부합되지 아니한 경우

⑥ 지번별 조서와 다르게 정리된 경우

⑦ 청산금조서의 내용과 다르게 정리된 경우

18 지적공부의 등록사항의 정정에 관한 설명으로 옳은 것은?

① 지적소관청이 등록사항을 정정할 때 그 정정사항이 토지의 표시에 관한 사항인 경우에는 등기필정보, 등기완료통지서, 등기사항증명서 또는 등기관서에서 제공한 등기전산정보자료에 따라 정정하여야 한다.

② 정정으로 인하여 인접토지의 경계가 변경되는 경우에도 지적소관청이 직권으로 조사, 측량하여 정정할 수 있다.

③ 미등기 토지에 대하여 토지소유자의 성명 또는 명칭, 주민등록번호, 주소 등에 관한 사항의 정정을 신청한 경우로서 그 등록사항이 명백히 잘못된 경우에는 주민등록등초본에 의한다.

④ 지적소관청이 지적공부에 등록된 토지의 표시에 잘못이 있음을 발견한 때에는 7일 이내에 등록사항정정에 필요한 서류와 등록사항정정 측량성과도를 작성하고, 토지이동정리결의서를 작성한 후 대장의 사유란에 '등록사항정정대상토지'라고 기재하고, 토지소유자에게 등록사항정정신청을 하도록 그 사유를 통지하여야 한다.

⑤ 등록사항 정정대상토지에 대한 대장을 열람하게 하거가 등본을 발급하는 때에는 '등록사항정정대상토지'라고 기재한 부분을 흑백의 반전으로 표시하거나 붉은색으로 기재하여야 한다.

⑥ 정정으로 인접 토지의 경계가 변경되는 경우에도 인접 토지소유자의 승낙서가 제출되는 경우에는 등록사항정정 측량성과도는 제출할 필요가 없다.

핵심테마 18 **토지이동 신청권자**

1.대위 신청 [알기] 관 행 사 채	다음 각 호의 어느 하나에 해당하는 자는 이 법에 따라 토지소유자가 하여야 하는 신청을 대신할 수 있다.(법 제87조) **다만 등록사항 오류정정은 제외된다.** ① **공동주택의 ㉠리인**(관리인이 없는 경우에는 공유자가 선임한 대표자) 또는 사업시행자의 대위신청 — 「주택법」에 의한 공동주택의 부지의 합병신청시 ② 토지를 관리하는 ㉢정기관장 또는 지방자치단체의 장의 대위신청: 국가 또는 지방자치단체가 취득하는 토지의 분할신청시 ③ **공공사업 ㉣업시행자의** 대위신청: 공공사업 등으로 인하여 (수)도용지, (학)교용지·(도)로·(철)도용지·(제)방, (하)천·(구)거·(유)지 등의 지목으로 될 토지는 그 사업시행자가 지목변경을 대위신청할 수 있다. ④ 「민법」 제404조의 ㉤권자의 대위신청(매수인): (단) 점유자(지상권자, 전세권자, 임차인등)는 토지소유자를 대위신청할 수 없다.

2. 도시개발사업 등에 따른 토지이동 신청 특례 (26, 31회 기출)

(1) 사업시행자의 신청	① 도시개발사업·농어촌정비사업등 토지개발사업 등으로 인하여 토지의 이동이 있는 때에는 그 **사업시행자(토지소유자×)**가 지적소관청에 그 토지이동을 신청하여야 한다.
(2)시공 보증자	「주택법」의 규정에 의한 주택건설사업의 시행자가 파산 등의 이유로 토지의 이동 신청을 할 수 없는 때에는 그 주택의 **시공을 보증한 자 또는 입주예정자(토지소유자×) 등이** 신청할 수 있다.
(3) 사업의 신고 및 신청제한	① 도시개발사업 등의 사업시행자는 그 사업의 착수·변경 또는 완료사실을 그 사유가 발생한 날부터 15일 **이내에** 지적소관청에 **신고하여야** 한다. ② 도시개발사업 등의 사업의 착수 또는 변경신고 된 토지에 대하여는 그 사업이 완료되는 때까지 **사업시행자 외의 자가** 토지이동을 신청할 수 없다. ③ '사업의 착수 또는 변경의 신고가 된 토지의 소유자가 해당 토지의 이동을 원하는 경우'에는 해당사업의 시행자에게 그 토지이동을 신청하도록 **요청**하여야 하며, 요청을 받은 사업시행자는 해당 사업에 지장이 없다고 판단되면 지적소관청에 그 이동을 신청하여야 한다.
(4) 토지이동시기	토지의 형질변경 등의 **공사가 준공된 때(착수한 때×)**토지의 이동이 있는 것으로 본다.

19   도시개발사업 등의 시행에 따른 토지이동신청에 관한 설명으로 옳은 것은?

① 농어촌정비사업 등 토지개발사업과 관련하여 토지의 이동이 필요한 경우에는 해당 사업의 시행자가 15일 이내에 지적소관청에 토지의 이동을 신청하여야 한다.

② 「주택법」에 따른 주택건설사업의 시행자가 파산 등의 이유로 토지의 이동 신청을 할 수 없을 때에는 그 주택의 시공을 보증한 자 또는 토지소유자등이 신청할 수 있다.

③ 도시개발사업 등의 착수·변경 또는 완료 사실의 신고는 그 사유가 발생한 날로부터 15일 이내에 시, 도지사에게 신고하여야 한다.

④ 도시개발사업의 착수 또는 변경신고된 토지에 대해서는 그 사업이 완료 될 때까지 사업시행자 이외의 자는 토지이동을 신청할 수 없다.

⑤ 사업의 착수 또는 변경의 신고가 된 토지의 소유자가 해당 토지의 이동을 원하는 경우에는 해당 사업의 시행자에게 그 토지의 이동을 신청하도록 요청할 수도 있고 요청받은 사업시행자는 지체 없이 지적소관청에 토지의 이동을 신청하여야 한다.

⑥ 이경우의 토지의 이동은 공사가 착수한 때 이동이 있는 것으로 본다.

⑦ 「지역 개발 및 지원에 관한 법률」에 따른 지역개발사업, 「체육시설의 설치·이용에 관한 법률」에 따른 체육시설 설치를 위한 토지개발사업도 여기에 해당되지 않는다.

[핵심테마 19]   **지적공부정리(등기촉탁 및 지적정리의 통지)**

1. 지적공부의 정리

(1) 방법	1) 지적소관청은 **토지의 이동**이 있는 경우에는 **토지이동정리 결의서**를 작성하여야 하고, 토지소유자의 변동 등에 따라 지적공부를 정리하려는 경우에는 **소유자정리 결의서**를 작성하여야 한다.

2. 등기촉탁

(1) 의의	1) 지적정리로 토지표시의 변경에 관한 등기를 할 필요가 있을 때에는 지적소관청은 지체 없이 관할등기소에 그 등기를 촉탁해야 한다. 2) 등기촉탁은 **국가가 국가를** 위하여 하는 등기로 본다.
(2) 등기촉탁이 필요한 경우	① 등록전환, 분할, 합병, 지목변경 ② 지번을 변경한 때 · ③ 축척변경을 한 때 ④ **바다로 된 토지의 등록을 말소한 경우** ⑤ 행정구역의 개편으로 새로이 지번을 정한 때 ⑥ 등록사항의 오류를 소관청이 직권으로 조사·측량하여 정정한 때 등이다. ※ **등기촉탁하지 않는 경우 - 소유자 정리시 ×, 신규등록 ×,** [암기] (소), (신) 없는 자 등기촉탁×

3. 지적정리의 통지

(1) 의의	지적소관청이 지적공부에 등록하거나 지적공부를 복구, 말소 또는 등기촉탁을 한 때에는 당해 토지소유자에게 표시사항이 바뀌었다고 통지하여야 한다.	
(2) 통지 사유	직권	① 토지 **소유자의 신청이 없어** 지적소관청이 직권으로 토지이동을 조사·측량하여 지번·지목·면적·경계 또는 좌표 등을 결정·등록한 때 ② 지적소관청이 **지번변경**을 한 때, ③ 지적소관청이 **지적공부를 복구**한 때 ④ 바다로 된 토지의 등록말소를 지적소관청이 **직권**으로 정리한때 ⑤ 지적소관청이 등록사항의 **오류를 직권으로** 조사·측량하여 정정한 때 ⑥ 지번부여지역의 일부가 **행정구역개편**으로 인하여 다른 지번부여지역에 속하게 된 때에 지적소관청이 새로이 그 지번을 부여한 때 ⑦ 토지표시의 변경에 관하여 관할등기소에 **등기를 촉탁**한 때
	⑧ 토지소유자가 하여야 할 사항을 (대)위신청권자의 신청에 의하여 지적정리	
	⑨ 도시개발사업·등으로 인하여 그 (사)업시행자가 신청하여 지적정리를 한 때	
	㉠ (소)유자의 **신청**에 의해서 지적공부를 정리하는 경우 또는 ㉡ 대장의 토지 (소)유자부분을 정리한 경우에는 소유자에게 통지하지 않는다. [암기] (직권), (대), (사)는 지적정리통지하나 (소), (소)는 지적정리통지하지 않는다.	
(3)통지 시기	1) 변경**등기**가 필요한 경우: **등기**완료의 통지서를 접수한 날부터 (15)일 이내 2) 변경등기가 필요하지 **아니한** 경우: 지적공부에 **등록한** 날부터 (7)일 이내	
(4)장소	소유자의 주소 또는 거소를 알 수 없을 때에는 일간신문이나 시, 군, 구에 공보한다.	

20 다음 중 지적소관청이 지적공부를 정리한 후에 토지 소유자에게 그 통지를 하여야 하는 경우에 해당하지 않는 것은?

① 지적소관청이 직권으로 토지이동을 조사·측량하여 지번·지목·면적·경계 또는 좌표 등을 결정한 때
② 지적소관청이 지번변경을 한 때
③ 지적소관청이 지적공부를 복구 또는 말소한 때
④ 대위신청권자의 신청에 의하여 분할이 이루어진 경우
⑤ 토지소유자의 신청에 의하여 신규등록이 이루어진 경우
⑥ 등기관서의 등기완료통지서에 의하여 지적공부에 등록된 토지소유자의 변경사항을 정리한 때

4. 토지 소유자의 정리

(1) 신규등록지의 소유자정리 : **지적소관청이 직접 조사**하여 등록한다.

(2) 기등록지의 소유자변경정리

1)등기부를 기초로 정리	지적공부에 등록된 토지소유자의 변경사항은 등기관서에서 등기한 것을 증명하는 **등기㉟정보, 등기완료㉿지서, 등기사항㉞명서** 또는 등기관서에서 제공한 **등기전산㉛보자료**에 따라 정리한다.
2)직권정리 또는 신청요구	① 지적소관청은 필요하다고 인정하는 경우에는 관할 등기관서의 **등기부를 ㉾람**하여 지적공부와 부동산등기부의 (소유자)가 일치하는지 여부를 조사·확인하여야 하며, 일치하지 아니하는 사항을 발견하면 등기사항증명서에 따라 지적공부를 ㉛리하거나 ○, (정리하지 않고 ×), 토지소유자나 그 밖의 이해관계인에게 그 지적공부와 부동산등기부가 일치하게 하는 데에 필요한 신청 등을 하도록 요구할 수 있다. [암기] **㉾, ㉛, 있다**
3)불일치통지	① 등기부에 적혀 있는 **토지의 ㉠시**가 지적공부와 일치하지 아니하면 제1항에 따라 **토지소유자를 ㉛리할 수 없다** ○(있다 ×). 이 경우 토지의 표시와 지적공부가 일치하지 아니하다는 **사실(불부합사실)**을 관할 등기관서에 통지하여야 한다. [암기] **㉠, ㉛, 없고**
4)국유재산법에 따른 소유자등록	「국유재산법」에 따른 총괄청이나 관리청이 같은 법에 따라 소유자 없는 부동산에 대한 소유자 등록을 신청하는 경우 지적소관청은 지적공부에 해당 토지의 **소유자가 등록되지 아니한 경우에만** 등록할 수 있다.

21 소유자의 정리에 관한 설명으로 옳지 않은 것은?

① 지적소관청은 토지의 이동이 있는 경우에는 토지이동정리 결의서를 작성하여야 하고, 토지소유자의 변동 등에 따라 지적공부를 정리하려는 경우에는 소유자정리 결의서를 작성하여야 한다.

② 신규등록하는 토지의 소유자는 지적소관청이 직접조사하여 등록한다.

③ 지적공부에 등록된 토지소유자의 변경사항은 등기관서에서 등기한 것을 증명하는 등기필정보, 등기완료통지서, 등기사항증명서 또는 등기관서에서 제공한 등기전산정보자료에 따라 정리한다.

  * 지적공부에 신규등록하는 토지소유자에 관한 사항은 등기관서에서 등기한 것을 증명하는 등기필증, 등기관서에서 제공한 등기전산정보자료에 따라 정리한다 ×

④ 등기부에 적혀 있는 토지의 표시가 지적공부와 일치하지 아니하면 등기완료통지서에 따라 토지소유자를 정리할 수 있고 이 경우 토지의 표시와 지적공부가 일치하지 아니하다는 사실을 관할 등기관서에 통지(불부합통지)하여야 한다.

⑤ 지적소관청은 필요하다고 인정하는 경우에는 관할 등기관서의 등기부를 열람하여 지적공부와 부동산등기부가 일치하는지 여부를 조사·확인하여야 하며, (소유자가) 일치하지 아니하는 사항을 발견하면 등기사항증명서에 따라 지적공부를 직권으로 정리하거나, 토지소유자나 그 밖의 이해관계인에게 그 지적공부와 부동산등기부가 일치하게 하는 데에 필요한 신청 등을 하도록 요구할 수 있다.

22 지적공부의 정리 및 등기촉탁에 관한 설명으로 옳은 것은?

① 총괄청이나 중앙관서의 장이 소유자 없는 부동산에 대한 소유자 등록을 신청하는 경우 지적소관청은 지체 없이 등록할 수 있다.

  * 「국유재산법」에 따른 총괄청이나 관리청이 지적공부에 소유자가 등록되지 아니한 토지를 소유자등록을 신청하는 경우 지적소관청은 지적공부에 해당 토지의 소유자가 등록되어 있지 않은 경우에만 등록할 수 있다 ○

② 신규등록 대상토지를 포함하여 토지이동이 발생하면 지적소관청은 등기를 촉탁하여야 한다. 이 경우 등기촉탁은 국가가 국가를 위하여 하는 등기로 본다.

③ 토지소유자에게 지적정리 등을 통지하여야 하는 시기는 토지의 표시에 관한 변경등기가 필요한 경우: 그 지적소관청이 그 등기완료통지서를 접수한 날로부터 7일 이내에 한다.

④ 토지소유자에게 지적정리 등을 통지하여야 하는 시기는 토지의 표시에 관한 변경등기가 필요하지 아니한 경우: 지적공부에 등록한 날부터 7일 이내에 한다.

⑤ 지적정리를 통지 할 때에 원칙적으로 일간신문, 해당 시·군·구의 공보에 공고하여야 한다.

제5장 지적측량

핵심테마 20 측량대상

	1)대 상 (아래의 경우에는 지적측량을 하여야 한다)	2)대상이 아닌 경우
사유	① 신규등록, ② 등록전환, ③ 분할, ④ 바다말소, ⑤ 축척변경, ⑥ 등록사항오류정정, ⑦ 지적공부의 복구 ⑧ 지적기준점을 정하는 경우(기초측량) ⑨ 지적측량성과를 검사하는 경우(검사측량) ⑩ 도시개발사업 등의 시행지역에서 토지의 이동이 있는 경우 (지적확정측량) ⑪ 도면의 경계점을 지상에 복원하는 경우(경계복원측량) ⑫ 지상건축물 등의 현황을 **지적도 및 임야도(지형도×)**에 등록된 경계와 대비하여 필요한 경우 (지적현황측량) ⑬ 지적재조사사업에 따라 토지의 표시를 새로 정하기 위하여 실시하는 측량(지적재조사측량)	(1) **지번변경** (2) **지목 변경** (3) **합병** (4) **지적도면의 재작성** (5) **연속지적도**

지적기준점 종류	지적삼각점	지적삼각보조점	지적도근점
측량성과 관리	시, 도지사	지적소관청	지적소관청
측량성과 열람/발급	시, 도지사 또는 지적소관청	지적소관청	지적소관청

01 '공간정보법상' 지적측량사유에 해당하지 않는 것은 몇 개인가?

> ㉠ 지적**기준점을** 정하는 경우 (기초측량)
> ㉡ 지적측량성과를 **검사**하는 경우 (검사측량)
> ㉢ **도시개발사업** 등의 시행지역에서 토지의 이동이 있는 경우 (지적확정측량)
> ㉣ 경계점을 지상에 **복원**하는 경우 (경계**복원**측량)
> ㉤ 지상건축물 등의 **현황**을 지적도 및 임야도에 등록된 경계와 대비하여 표시하는 데에 필요한 경우 (지적**현황**측량)
> ㉥ '지적재조사에 관한 특별법'에 따른 지적재조사사업에 따라 토지의 표시를 새로 정하기 위하여 실시하는 측량
> ㉦ 연속지적도에 의한 경계점을 지상에 표시하기 위해 측량을 하는 경우
> ㉧ 토지를 지목변경하는 경우
> ㉨ 지적공부의 재작성
> ㉩ 위성기준점 및 공공기준점을 설치하는 경우

① 2개   ② 3개   ③ 4개   ④ 5개   ⑤ 6개

02 공간정보의 구축 및 관리 등에 관한 법령상 지적기준점성과와 지적기준점성과의 열람 및 등본 발급 신청기관의 연결이 옳은 것은?

① 지적삼각점성과 − 시·도지사 또는 지적소관청

② 지적삼각보조점성과 − 시·도지사 또는 지적소관청

③ 지적삼각보조점성과 − 지적소관청 또는 한국국토정보공사

④ 지적도근점성과 − 시·도지사 또는 한국국토정보공사

⑤ 지적도근점성과 − 지적소관청 또는 한국국토정보공사

03 지적측량에 관한 설명이다. 옳은 것은?

① 토지소유자 등 이해관계인은 검사측량과 지적재조사측량을 포함한 지적측량을 할 필요가 있는 경우에는 지적측량수행자에게 지적측량을 의뢰하여야 한다.

   * 토지소유자 등은 지적측량을 할 필요가 있는 때에는 **지적소관청에게** 해당 지적측량을 의뢰하여야 한다 ✕

② 지적측량은 전파기 또는 광파기측량, 경위의측량, 전자평판측량, 평판측량, 사진측량 및 위성측량 등의 방법에 의한다.

③ 기초측량에는 지적삼각측량, 지적삼각보조측량, 지적도근측량, 지적위성기준점측량이 있다.

④ 기초측량은 먼저 계획수립 ⇨ 준비 및 현지답사 ⇨ 선점 및 조표 ⇨ 관측 및 계산 ⇨ 성과표 작성 순서로 측량한다.

⑤ 지적삼각점성과의 열람 또는 등본발급신청은 시, 도지사에만 신청하여야 한다.

   * 지적삼각점성과의 관리와 공개는 시·도지사 또는 지적소관청이 한다 ✕

⑥ 지적삼각보조점성과 및 지적도근점성과를 열람하거나 등본을 발급받으려는 자는 시, 도지사 또는 지적소관청에 신청하여야 한다.

   * 지적기준점성과의 열람 및 등본 발급 신청을 받은 지적측량수행자는 이를 열람하게 하거나 등본을 발급하여야 한다 ✕

핵심테마 21 **지적측량의 절차**

(1)절차	1) 토지소유자 등 이해관계인은 지적측량을할 필요가 있는 경우에는 **검사측량, 지적재조사측량을 제외**하고 **지적측량수행자**(=측량업자 + 한국국토정보공사)에게 지적측량을 의뢰한다. 2) 지적측량수행자는 지적측량 수행계획서를 그 **다음 날**까지 지적소관청에 제출하여야 한다.		

구분	세부측량	기준점 설치시 가산	계약 또는 협의
① **측량기간**	5일	1. 15개 이하 : 4일 2. 15개 초과 : 4일 + 초과하는 4개마다 1일을 가산	1. **측량기간 : 3/4** 2. **검사기간 : 1/4**
② **검사기간**	4일		

(2) 측량성과의 검사	(3) 지적측량수행자는(측량의뢰인×) 시·도지사, 대도시 시장 또는 지적소관청으로부터 측량성과에 대한 검사를 받아야 한다. 다만, 지적공부를 정리하지 아니하는 측량으로서 국토교통부령으로 정하는 측량의 경우에는 그러하지 아니하다. (4) 검사를 요하지 않는 경우 측량 : **경계복원** 측량과 **지적현황측량**은 검사 하지 않는다. 【암기】 (복), (현) 이는 검사× (5) 시, 도지사의 검사 : **지적**(삼)각측량성과 및 경위의 측량방법으로 실시한 국토교부장관이 고시하는 면적규모 이상의 **지적확**(정)측량성과, 다만, 면적규모 미만의 **지적확정**측량성과는 지적소관청이 검사 【암기】 (삼), (정) 이는 시, 도지사 검사 (6) 측량성과도의 교부 ① 지적소관청은 측량성과가 정확하다고 인정되는 때에는 측량성과도를 **측량수행자**에게 교부한다. ② 이 경우 측량수행자는 측량의뢰인에게 그 측량성과도를 지체없이 송부한다. ③ 이 경우 **검사를 받지 아니한** 지적측량성과도는 측량의뢰인에게 발급할 수 없다.

04 **지적측량의뢰절차에 대한 설명이다. 옳은 것은?**

① 지적측량의 측량기간은 4일로 하며, 측량검사기간은 5일로 한다.

② 지적측량수행자는 지적측량 의뢰를 받은 때에는 측량기간, 측량일자 및 측량 수수료 등을 적은 지적측량 수행계획서를 그 지체없이 시·도지사에 제출하여야 한다.

③ 다만, 지적기준점을 설치하여 측량 또는 측량검사를 하는 경우 지적기준점이 14점 이하인 경우에는 5일을, 14점을 초과하는 경우에는 5일에 14점을 초과하는 4점마다 1일을 가산한다.

④ 위의 ④에도 불구하고 지적측량 의뢰인과 지적측량수행자가 서로 합의하여 따로 기간을 정하는 경우에는 그 기간에 따르되, 전체 기간의 5분의 3은 측량기간으로, 전체 기간의 5분의 2은 측량검사기간으로 본다.

⑤ 지적측량의뢰인과 지적측량수행자가 서로 합의하여 측량기간과 측량검사기간을 합쳐 40일로 정한 때에는 측량기간은 30일이고 측량검사기간은 10일이다.

05 지적측량성과의 검사에 관한 설명이다. 틀린 것은?

① 지적측량수행자가 지적측량을 하였으면 시·도지사, 대도시 시장 또는 지적소관청으로부터 측량성과에 대한 검사를 받아야 한다.

  * 지적측량을 실시한 때에는 지적측량의뢰인이 시, 도지사나 지적소관청에게 측량성과를 검사받아야 한다 ×

② 지적삼각점측량성과 및 국토교통부장관이 정하는 면적규모 이상의 경위의측량방법으로 실시한 지적확정측량성과인 경우에는 시·도지사 또는 대도시시장이 검사한다.

③ 국토교통부장관이 정하는 면적규모 미만의 경위의측량방법으로 실시한 지적확정측량성과인 경우에는 지적소관청이 검사한다.

④ 경계복원측량 및 지적현황측량은 측량성과를 검사받지 않는다(지적공부를 정리하지 않는다).

⑤ 시·도지사 또는 대도시 시장이 지적삼각점측량성과 및 경위의측량방법으로 실시한 지적확정측량성과에 대한 검사를 하였을 때에는 그 결과를 토지소유자에게 통지하여야 한다.

핵심테마 22 **지적측량적부심사 및 지적위원회**

1. 지적측량적부심사절차 〔알기〕 3.6.7.9

① **소유자 또는 이해관계인, 지적측량수행자(=측량업자 + 한국국토정보공사)**는 측량성과에 다툼이 있는 경우에는 **시, 도지사를 거쳐 지방 지적위원회에게** 지적측량 적부심사를 청구할 수 있다.

② **시도지사는 30일 이내**에 지방지적위원회에 회부

③ **지방지적위원회는 60일 이내**에 심의·의결 (다만, 부득이한 경우에는 지적위원회의 **의결을** 거쳐 30일 내에서 한번만 연장할 수 있다.)

④ 지방지적위원회는 지적측량 적부심사를 의결하였으면 위원장과 참석위원 전원이 서명 및 날인한 지적측량 적부심사 의결서를 지체 없이 **시·도지사에게 송부하여야** 한다.

⑤ **시, 도지사는 7일 내에 신청인 및 이해관계인에 통지**

⑥ **90일 이내**에 국토교통부장관을 **거쳐** (중앙)지적위원회에게 지적측량적부 (재)심사청구 할 수 있다.

⑦ 지방지적위원회 또는 중앙지적위원회의 의결서 사본을 받은 지적소관청은 그 내용에 따라 지적공부의 **등록사항을 직권정정 하거나** 측량성과를 수정하여야 한다. 이 경우 인접토지소유자의 승낙서를 받을 필요는 없다.

⑧ 중복청구의 금지 : 재심사를 청구하지 아니하거나 중앙지적위원회의 의결이 있는 경우에는 다시 지적측량적부심사를 청구할 수 없다.

핵심테마 23 지적위원회

구 분	내 용
1.종 류	① 중앙지적위원회(**국토교통부장관 소속**)― 　　㉠위원장(국토교통부지적업무담당국장), ㉡부위원장(지적과장) ⑵ 지방지적위원회(시·도지사 소속)
2.구 성	① 위원장 및 부위원장 각1인 **포함 5인 이상 10인 이내** 위원 ⑵ 위원은 지적에 관한 학식과 경험이 풍부한 자 중 국토교통부장관이 임명 ⑶ 위원장과 부위원장 제외한 **위원임기 2년** ⑷ 중앙지적위원회의 **간사는** 국토교통부의 지적업무담당 공무원 중에서 **국토교통부장관**(지적업무 담당 국장이×)이 임명하며, 회의 준비, 회의록 작성 및 회의 결과에 따른 업무 등 중앙지적위원회의 서무를 담당한다. ⑸ 중앙지적위원회가 현지조사를 하려는 경우에는 관계 공무원을 지정하여 **현지조사를** 하고 그 결과를 보고하게 할 수 있으며, 필요할 때에는 지적측량수행자에게 그 소속 **지적기술자를 참여**시키도록 요청할 수 있다.
3.기 능 (개정법)	1. 다음 각 호의 사항을 심의·의결하기 위하여 국토교통부에 **중앙 지적위원회**를 둔다. 　㉠ 지적 관련 정책 (개발) 및 업무 개선 등에 관한 사항 　㉡ 지적측량기술의 (연구)·개발 및 보급에 관한 사항 　㉢ 측량기술자 중 지적분야 측량기술자(이하 "지적기술자"라 한다)의 (양성)에 관한 사항 　㉣ 지적기술자의 업무정지 처분 및 (징계) 요구에 관한 사항 　㉤ 지적측량 적부심사(適否審査)에 대한 (재심사)(再審査) 　[암기] (개)를 (연구)(양성), (징계)하고 (재심사)하는 것은 중앙지적위원회의 기능이다. 2. 지방지적위원회 : 지적측량에 대한 **적부심사** 청구 사항의 심의·의결
4.회 의	⑴ 중앙지적위원회의 회의는 재적위원 과반수의 출석으로 개의(開議)하고, 출석위원 과반수의 찬성으로 의결한다. ② 위원장이 중앙지적위원회의 회의를 소집할 때에는 회의 일시·장소 및 심의 안건을 회의 5일 전까지 각 위원에게 **서면**으로 통지하여야 한다.

5.제척 사유	① 위원 또는 그 (배우자)나 배우자이었던 사람이 해당 안건의 당사자가 되거나 그 안건의 당사자와 공동권리자 또는 공동의무자인 경우
	② 위원이 해당 안건의 당사자와 (친족)이거나 친족이었던 경우
	③ 위원이 해당 안건에 대하여 (증언), 진술 또는 감정을 한 경우
	④ 위원이 해당 안건의 원인이 된 처분 또는 부작위에 (관여)한 경우
	⑤ 위원이나 위원이 속한 법인·단체 등이 해당 안건의 당사자의 (대리)인이거나 대리인이었던 경우
	단, 직무태만은 해임사유다.
	암기 (배우자)나 (친족)이 (증언)에 (관여)하면 (대리)에서 (제)외 된다.

	중앙지적위원회	축척변경위원회
소속	국토교통부	지적소관청
구성	5인 이상 10인 이하 (위, 부 포함)	5인 이상 10인 이하 (위원의 1/2이 토지 소유자로 함)
위원장	지적담당국장	지적소관청이 지명
임기	위원장, 부위원장 제외 2년	임기 없음
기능	개, 양성, 징계, 재심사	시, 청, 청, 소
회의	1. 개의: 재적위원 과반출석, 의결: 출석위원 과반수찬성 2. 회의소집: 회의 5일 전까지 위원에게 서면으로 통지	

06 **지적측량의 적부심사에 관한 설명이다. 옳은 것은?**

① 토지소유자, 이해관계인 또는 지적측량수행자(지적측량업자 + 한국국토정보공사)는 지적측량성과에 대하여 다툼이 있는 경우에는 대통령령으로 정하는 바에 따라 관할 시·도지사를 거쳐 지방지적위원회에게 지적측량 적부심사를 청구할 수 있다.

② 지적측량 적부심사청구를 받은 지적소관청은 30일 이내에 지방지적위원회에 회부하여야 한다.

③ 지적측량 적부심사청구를 회부받은 지방지적위원회는 그 심사청구를 회부받은 날부터 60일 이내에 심의·의결하여야 한다. 다만, 부득이한 경우에는 그 심의기간을 지적소관청이 직권으로 30일 이내에서 한 번만 연장할 수 있다.

④ 지방지적위원회는 의결한 때에는 전원 서명날인한 의결서를 작성하여 10일 내에 시, 도지사에게 송부하여야 한다.

⑤ 지방지적위원회는 의결서를 받은 날부터 7일 이내에 지적측량 적부심사 청구인 및 이해관계인에게 그 의결서를 통지하여야 한다.

⑥ 의결서를 받은 자가 지방지적위원회의 의결에 불복하는 경우에는 그 의결서를 받은 날부터 90일 이내에 시, 도지사를 거쳐 중앙지적위원회에 재심사를 청구할 수 있다.

07 지적위원회에 관한 설명이다. 옳지 않은 것은?

① 중앙지적위원회는 위원장 1명과 부위원장 1명을 포함하여 5명 이상 10명 이하의 위원으로 구성한다.

② 위원장은 국토교통부소속의 지적담당국장이, 부위원장은 국토교통부의 지적업무 담당 과장이 되며, 간사는 국토교통부 지적업무 담당공무원 중에서 국토교통부장관이 임명한다.

③ 중앙지적위원은 지적에 관한 학식과 경험이 풍부한 사람 중에서 국토교통부장관이 임명하거나 위촉한다.

④ 위원장 및 부위원장을 포함한 위원의 임기는 2년으로 한다.

⑤ 지적측량에 대한 적부심사(適否審查) 청구사항을 심의·의결하기 위하여 국토교통부에 중앙지적위원회를 두고, 시, 도 소속에 지방지적위원회를 둔다.

⑥ 중앙지적위원회는 관계인을 출석하게 하여 의견을 들을 수 있으며, 필요하면 현지조사할 수 있다.

⑦ 중앙지적위원회가 현지조사를 하려는 경우에는 관계 공무원을 지정하여 현지조사를 하고 그 결과를 보고하게 할 수 있으며, 필요할 때에는 지적측량수행자에게 그 소속 지적 기술자를 참여시키도록 요청할 수 있다.

⑧ 중앙지적위원회의 위원에게는 예산의 범위에서 출석수당과 여비, 그 밖의 실비를 지급할 수 있다. 다만, 공무원인 위원이 그 소관 업무와 직접적으로 관련되어 출석하는 경우에는 그러하지 아니하다.

08 중앙지적위원의 제척사유에 해당하지 않은 것은?

> ㉠ 위원 또는 그 배우자나 배우자이었던 사람이 **해당 안건의** 당사자가 되거나 그 안건의 당사자와 공동권리자 또는 공동의무자인 경우
> ㉡ 위원이 해당 안건의 당사자와 친족이거나 친족이었던 경우
> ㉢ 위원이 해당 안건에 대하여 증언, 진술 또는 감정을 한 경우
> ㉣ 위원이나 위원이 속한 법인·단체 등이 해당 안건의 당사자의 대리인이거나 대리인이었던 경우
> ㉤ 위원이 해당 안건의 원인이 된 처분 또는 부작위에 관여한 경우
> ㉥ 심신장애로 인하여 직무를 수행할 수 없게 된 경우

① ㉠, ㉢   ② ㉠, ㉥   ③ ㉡, ㉤   ④ ㉢, ㉣   ⑤ ㉥

09 공간정보의 구축 및 관리 등에 관한 법령상 중앙지적위원회의 심의·의결사항으로 틀린 것은?

① 지적기술자의 양성에 관한 사항

② 지적측량기술의 연구·개발 및 보급에 관한 사항

③ 지적기술자의 업무정지 처분 및 징계요구에 관한 사항

④ 지적 관련 정책 개발 및 업무 개선 등에 관한 사항

⑤ 지적측량적부심사에 대한 사항

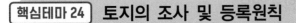

핵심테마 24 토지의 조사 및 등록원칙

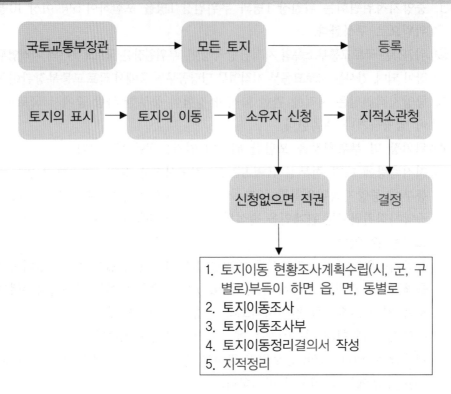

1. 토지이동 현황조사계획수립(시, 군, 구 별로)부득이 하면 읍, 면, 동별로
2. 토지이동조사
3. 토지이동조사부
4. 토지이동정리결의서 작성
5. 지적정리

10 공간정보의 구축 및 관리에 관한 법령상 토지의 조사, 등록에 관한 설명으로 가장 올바른 것은?

① 시, 도지사는 모든 토지에 대하여 필지별로 소재, 지번, 지목, 면적, 경계 또는 좌표 등을 조사, 측량하여 지적공부에 등록하여야 한다.

② 지적공부에 등록하는 지번·지목·면적·경계 또는 좌표는 토지의 이동이 있을 때 토지소유자의 신청을 받아 지적소관청이 결정한다. 다만 신청이 없으면 지적소관청이 직권으로 조사, 측량하여 결정할 수 있다.

③ 지적소관청은 토지이동현황을 직권으로 조사, 측량하여 토지의 소재·지번·지목·면적·경계 또는 좌표를 결정하려는 때에는 토지이동현황 조사계획을 수립하여 시·도지사 또는 대도시 시장의 승인을 받아야 한다.

④ 토지이동현황 조사계획은 해당 읍·면·동별로 수립하여야 하며, 부득이한 경우에는 시·구·구별 단위로도 수립할 수 있다.

⑤ 지적소관청은 토지이동현황조사결과에 따라 토지의 이동현황을 조사한 때에는 토지이용조사부에 토지의 이동현황을 적어야 한다.

⑥ 지적소관청은 지적공부를 정리하려는 때에는 토지이동 조사부를 근거로 토지이동 조서를 작성하여 토지이동정리 결의서에 첨부하여야 하며, 토지이동조서의 아래 부분 여백에 "「공간정보의 구축 및 관리 등에 관한 법률」 제64조 제2항 단서에 따른 직권정리"라고 적어야 한다.

기 간	내 용
4일	측량검사기간
5일	① 측량기간 ② 지적위회원 및 축척변경위원회 회의 소집 통지기간
5인~10인	① 축척변경위원회 위원수(토지소유자가 1/2이상) ② 지적위원회 위원수(위원장과 부위원장을 포함)
7일	① 지적측량적부심사의 결서를 받은 시도지사가 적부심사청구인 및 이해관계인에게 통지기간 ② 지적정리 후 등기촉탁 않는 경우 지적공부에 등록한 날로부터 7일 이내 소유자에게 통지한다.
15일내	① 도시개발사업 등의 지역에서 시행자가 사업의 착수, 변경, 완료 신고기간 ② 변경등기가 필요한 경우 등기완료통지서를 접수한 날로부터 지적공부정리를 소유자에게 통지기간
15일이상	① 축척변경시 청산금 산출조서 작성 후 청산금 공고기간 ② 지적공부 복구시 시, 군, 구 게시판에 게시기간
20일이내	청산금결정을 공고한 날부터 청산금납부고지 및 수령통지 기간
20일이상	시, 도지사 승인 후의 축척변경 시행공고기간
30일이내	① 축척변경시행지역에서 토지소유자 또는 점유자의 경계표시 의무기간 ② 지적측량적부심사에 대한 시, 도지사의 지방지적위원회에 회부기간
60일내	① 토지이동 신청기간(신규등록, 등록전환, 지목변경, 1필지용도가 변경시의 분할신청기간) ② 공동주택부지 등의 합병신청기간 ③ 지적위원회의 지적측량적부심사 심의, 의결기간
90일이내	① 바다로 된 토지의 등록말소신청기간 ② 지적측량적부 재심사청구기간
1월이내	① 청산금에 대한 이의신청기간(납부고지, 수령통지 받은 날로부터 지적소관청에) ② 청산금에 대한 축척변경위원회의 심의, 의결기간(이의신청이 있는 때부터)
6월이내	청산금의 납부, 지급 기간
2년	지적위원회의 임기

⑴ 지적공부의 복구시 게시기간

지적소관청(지적파일의 경우 시·도지사)이 지적공부를 복구하고자 하는 때에는 복구할 대상토지의 표시사항 등을 시·군·구(시, 도×)의 게시판 및 인터넷 홈페이지에 15일 이상 게시하여야 한다.

⑵ 도시개발사업 등의 착수, 변경 및 완료신고기간

도시개발사업 등의 지역에서 시행자가 15일 이내에 사업의 착수, 변경, 완료 사실을 지적소관청에 신고하여야 한다.

(3) 토지이동의 신청기간

① 토지소유자는 신규등록, 등록전환, 1필지용도가 변경시의 분할신청, 합병 등은 사유가 발생일로부터 60일 이내에 지적소관청에 신청하여야 한다.

② 토지소유자는 지적소관청으로부터 바다로 된 토지의 등록말소신청을 통지받은 날로부터 90일 이내에 신청하여야 한다.

(4) 축척변경절차에 관한 기간 (2/3동, 20시, 30경, 청산가리15, 고통20배, 6,6,1,1)

① 토지소유자는 축척변경 사유를 적은 신청서에 토지소유자의 3분의 2 이상의 동의서를 첨부하여 지적소관청에 제출하여야 한다.

② 지적소관청은 시, 도지사로부터 축척변경 승인을 받았을 때에는 지체 없이 20일 이상 시행공고를 하여야 한다.

③ 축척변경시행지역에서 토지소유자 또는 점유자는 시행공고일로부터 30일 이내에 시행공고일 현재 점유하고 있는 경계에 경계점표시를 설치하여야 한다.

④ 지적소관청은 청산금을 산정한 때에는 청산금조서를 작성하고, 청산금이 결정되었다는 뜻을 동·리의 게시판에 15일 이상 공고하여 일반인이 열람할 수 있게 하여야 한다.

⑤ 청산금의 납부고지를 받은 자는 그 고지받은 날부터 6월 **이내에** 청산금을 **지적소관청**에 납부하여야 하고, 지적소관청은 수령통지일로부터 6월 **이내에** **청산금을** 지급하여야 한다.

⑥ 납부고지 또는 수령통지를 받은 날로부터 1월 이내에 지적소관청(축척변경위원회×)에 **이의신청**할 수 있다.

⑦ 축척변경위원회는 1월 이내에 이의신청에 관한 사항을 심의하여 결정하고, 지적소관청은 그 결정 내용을 지체 없이 이의신청인에게 통지하여야 한다.

⑧ 축척변경위원회는 5인 이상 10인 이하로 구성하고 그중 토지소유자가 1/2 이상 되어야 하며, 이 경우 그 축척변경시행지역 안의 토지소유자가 5명 이하인 때에는 토지소유자 전원을 위원으로 위촉하여야 한다.

⑨ 축척변경위원회 회의는 재적위원 과반수의 출석으로 **개의**하고 **출석위원 과반수의 찬성으로 의결**한다.

⑩ 축척변경위원장은 축척변경위원회를 소집할 때에는 회의일시, 장소 및 심의안건을 회의 개최 5일 전까지 각 위원에게 서면으로 통지한다.

(5) 지적정리의 통지기간

① **지적소관청은 지적정리 후 변경등기 필요시** 등기완료통지서를 접수한 날로부터 15일 이내에 토지소유자에게 통지하여야 한다.

② **지적소관청은 지적정리 후 변경등기 필요치 않은** 경우 지적공부에 **등록한 날로부터** 7일 이내 소유자에게 통지한다.

(6) **지적측량적부심사절차 기간** (3.6.7.9)

① 지적측량적부심사청구서를 받은 **시·도지사는** 30일 이내에 다음의 사항을 조사하여 **지방지적위원회**에 회부하여야 한다.

② 지적측량적부심사청구서 등을 회부 받은 **지방지적위원회는 그날부터** 60일 이내에 **심의·의결하**여야 한다. 다만, 부득이한 경우에는 그 심의기간을 해당 지적위원회의 **의결을 거쳐** 30일 이내에서 한 번만 연장할 수 있다.

③ 지방지적위원회가 지적측량적부심사 의결을 한 때에는 위원장과 참석위원 전원이 서명 날인한 지적측량적부심사 의결서를 작성하여 지체 없이 시·도지사에게 송부하여야 한다.

④ 시·도지사는 **의결서를** 7일 이내에 적부심사청구인 및(또는×) 이해관계인에게 통지하여야 한다.

⑤ 의결서를 받은 자가 지방지적위원회의 의결에 불복하는 경우에는 그 의결서를 받은 날부터 90일 **이내에** 국토교통부장관을 **거쳐** 중앙지적위원회에 재심사를 청구할 수 있다.

⑥ 중앙지적위원회는 위원장 및 부위원장 각 1인을 포함하여 5인 이상 10인 이내의 위원으로 구성한다.

⑦ 중앙지적위원장 및 부위원장을 제외(포함한×)한 위원의 임기는 2년으로 한다.

⑧ 위원장이 위원회의 회의를 소집할 때에는 회의일시·장소 및 심의 안건을 회의 5일전까지 각 위원에게 **서면**으로 통지하여야 한다.

⑨ 회의는 위원장 및 부위원장을 포함한 **재적위원** 과반수의 출석으로 **개의(開議)**하고 **출석위원 과반수의** 찬성으로 의결한다.

구분	내용
지적소관청	① 전국, 시, 도, 시, 군, 구 단위의 지적전산자료 활용(신청) ② 지적삼각보조점성과와 지적도근점성과의 관리보존(열람/발급) ③ 부동산종합공부의 관리 운영
시, 도지사 ㉠ ㉡ ㉢ ㉣	① 전국단위 및 시, 도 단위의 지적㉠산자료 이용(신청) ② 지적공부의 ㉡출(승인) ③ 지번혼잡으로 ㉢번변경시(승인) ④ ㉣척변경(승인)
국토교통부 장관 ▶암기◀ 전국 중앙 정보 복제	① 전국의 모든 토지의 등록 ② 전국 단위의 지적전산자료 신청시 ③ 중앙지적위원회의 위원의 해임 ④ 지적 정보전담 관리기구를 설치 ⑤ 정보처리시스템 전산지적공부가 멸실되거나 훼손될 경우를 대비하여 지적공부를 복제하여 관리하는 시스템의 구축은 국토교통부장관이 한다.
지적위원회	지적측량적부심사
축척변경위원회	축척변경에 대한 사항(청산금 산정 등)

※※ 등기법의 문제 포인트 　　『 꼭!! 꼭!! 기억하세요 』

문제 : ~ 등기는?

 (1) 소유권 + 보존등기는?

 (2) 소 + 이전등기(상속, 유증, 수용, 진정명의회복, 환매특약등기)는?

 (3) 지상권, 지역권, 전세권, 저당권등 + 설정등기는?

 (4) 변경(① 부동산표시변경, ② 등기명의인표시변경, ③ 권리변경)등기는?

 (5) 경정등기는?

 (6) 전세권(저당권)의 말소등기는?

 (7) 전세권(저당권)의 말소회복등기는?

 (8) 가등기는? 본등기는?

 (9) 대지권이 있다는 뜻의 등기는?

　~

 (31) 처분제한등기(가압류, 가처분등기)는?

지문내용~

1. ① **신청**으로 하는 등기인지?

 ② 관공서의 **촉탁**으로 하는 등기인지?(=압류,가압류,가처분,경매,임명등기)

 ③ 등기관이 **직권**으로 하는 등기인지?

2. ① 신청시 **공동**신청 등기인지?(계약,유증)

 ② **단독**신청 등기인지?

3. 공동신청시에 누가 ① 등기**권리자**인지?(그 등기를 하고싶어하는 자)

　　　　　　　　　　② 등기**의무자**인지?

4. 신청정보에 ① **필요적**기록사항인지?(기록하여야 한다)(목범,전범,차범등)

 　　　　　 ② **임의적**기록사항인지?(등기원인에 있는 경우 기록한다)(=약,지,보,이,기)

5. 첨부정보 (등기필정보, 인감, 대장, 도면, 기타정보 등)를 위 등기신청시 ① **제공**해야 한다?

 ② **제공**하지 않아도 된다?

6. 등기관의 ① **각하사유**인지?(=신청할 수 없다)

 　　　　 ② **각하하지** 않고 등기실행 하는지(=신청할 수 있다)?

7. 등기관이 ① **표제부**에 하는지?(규약상공용부분,부동산표시변경등기,멸실등기,대지권등기)

 　　　　 ② **갑구**에 하는지?(소유권)

 　　　　 ③ **을구**에 하는지?(소유권이외의권리)

8. 등기관이 ① **주등기**로 하는지?(표제부,갑(소유자)--을

 　　　　 ② **부기등기**로 하는지?(~특약,을(소 + 외자)-병

핵심테마 1 **소유권보존에 관한 등기절차**

단독신청	㉠ 가압류	㉠ 필: 신청근거 조항 ×: 등기 원인, 날짜	×: 등기필정보, 인감, 토지 허가서 등 ○: 대장등본, 도면: 1필지수개 건물보존	① 부동산일부 × ② 자기지분만 × (1인이 전원명의○) ③ 2중보존 ×
(① ㉕장: 최초, 포괄, 상속 ② ㉘결: 종류불문(확인, 이행, 형성) ㉠토지: 국가 ㉡건물: 시장 ③ ㉢용 ④ ㉣)장 + 확인서면	㉡ 가처분 ㉢ 경매, ㉣ 임명, 법원촉탁시: 직권 보존 ㉤ 가압류말소 시 보존등기 말소 ×			

1 소유권의 보존등기 가능한자 [암기] ㉕, ㉘㉢ —㉣	(1) 토지㉕장, 건축물대장에 **최초**의 소유자로 등록되어 있는 자 또는 그 **상속인**, 그 밖의 **포괄승계인**(=포괄수증자) : ① 대장에 최초의 소유자로 등록된 자가 신청한다. ② 대장상 **이전등록 받은 자**(증여받은 자)는 직접보존등기 신청할 수 없다. ③ 다만, 대장상 **토지는 국가로부터 소유권이전 등록**을 받은 자는 보존등기 할 수 있다. ④ 대장상 등록된 자로부터 포괄 **수증자**는 보존등기 할 수 있다. ⑤ 대장상 등록된 자로부터 **상속인**은 보존등기 할 수 있다. (2) **확정㉘결**에 의하여 자기의 소유권을 증명하는 자 ① 확정판결이면 판결(화해, 인락조서 포함)의 종류는(**불문한다○**, **확인판결에 한한다×**) ② 당해 부동산이 보존등기신청인의 소유임을 이유로 소유권보존등기의 말소를 명한 판결로 보존등기 할 수 있다. ③ 미등기토지에 대한 **공유물분할판결시 분필한 후** 보존등기할 수 있다. ④ 대장상 소유자란이 공란으로 소유자를 특정할 수 없을 때에 ㉠ **토지는**: (국가 ○, 시장 ×)를 상대로 할 것 판결받아 보존등기할 수 있다. ㉡ **건물은**: (시장 ○, 국가 ×), 군수, 구청장을 상대방으로 하여 판결받아 보존등기 할 수 있다. (3) ㉢용(收用)으로 인하여 소유권을 취득하였음을 증명하는 자 (4) ㉣장, 군수 또는 구청장(자치구의 구청장을 말한다)의 확인에 의하여 자기의 소유권을 증명하는 자((건물 ○, **토지×**)의 경우로 한정한다.) [암기] ㉣, ㉺방진자
2. 보존 등기 불가능한 자	① 특별자치도지사, ㉣장, 군수 또는 구청장의 확인에 의하여 자기의 소유권을 증명하는 자는 토지는 보존등기 할 수 없다. ② 건축물대장상 소유자를 특정할 수 없을 때, 건물에 대하여 **국가**를 상대로 한 확인판결 받아 보존등기할 수 없다. ③ 건축물대장상 소유자를 특정할 수 없을 때, 건물에 대하여 건축주를 상대로 한 확인판결 받아 보존등기할 수 없다. ④ 대장상 등록된 자로부터 **특정**수증자는 자기명의로 보존등기 할 수 없다.

3. 특징 :
① 미등기부동산에 대하여 소유권 이전 계약을 체결한 경우 계약 당시 보존등기가 가능하면 그 **계약일로부터 60일** 내에 보존등기를 하여야 한다.
② 미등기부동산에 대하여 법원으로부터 소유권에 대한 **처분제한등기(가압류, 가처분, 강제경매, 임차권명령등기)**의 촉탁시 등기관은 직권으로 보존등기 후 처분제한등기를 한다.
③ 처분제한등기(=가압류, 가처분)가 소멸하여 처분제한 등기가 말소되더라도 직권보존등기된 것은 말소되지 않는다.
④ 소유권보존등기시 신청정보에 신청근거조항은 기록하나 **등기원인과 일자는** 등기부에 기록되지 **않는다.**
⑤ 소유권보존등기시 대장등본은 제공하나 등기필정보나 인감증명정보는 제공하지 않는다.
⑥ 단독신청의 경우 등기관은 등기필정보를 작성(통지)하지만, 직권보존등기시 등기필정보는 작성하지 않는다.
⑦ 공동소유자 중 1인이 자기 지분만에 대한 보존등기는 불가능하지만, 1인이 전원명의로 보존등기는 가능하다.
⑧ 이미 보존등기된 토지는 다시 보존등기할 수 없다.
⑨ 부동산의 일부에 대한 보존등기 할 수 없다.
⑩ 건물에 관한 보존등기상의 표시와 실제 건물과의 다소의 불일치가 있더라도 사회통념상 동일성 또는 유사성이 인정되는 경우에는 그 등기는 당해 건물에 관한 등기로서 유효하다.
⑪ 1동의 건물에 속하는 구분건물 중 일부만에 관하여 소유권보존등기를 신청하는 경우에는 그 나머지 구분건물에 관하여는 표시(권리×)에 관한 등기를 대위하여 동시에 신청하여야 한다.

01 다음 중 소유권보존등기 신청에 관한 설명으로 옳은 것은?
① 소유권보존등기는 단독신청이지만 소유권보존등기의 말소등기는 공동으로 신청한다.
② 미등기 토지를 토지대장상의 소유자로부터 증여받은 자는 직접 자기명의로 소유권보존등기를 신청할 수 있다.
③ 지적공부상 국가로부터 이전등록을 받은 자는 국가 명의의 보존등기를 거쳐 이전등기를 하여야 한다.
④ 토지대장, 임야대장 또는 건축물대장에 최초의 소유자로 등록되어 있는 자의 특정 수증자는 직접 소유권보존등기를 할 수 있다.
⑤ 미등기토지에 관한 소유권보존등기는 수용으로 인해 소유권을 취득했음을 증명하는 자도 신청할 수 있다.

02 다음 중 소유권보존등기 신청에 관한 설명으로 옳은 것은?

① 보존등기의 신청정보에는 등기원인을 '공유수면의 매립'으로, 등기원인일자는 '준공검사일'을 기록하여야 한다.

② 소유권을 증명하는 판결은 소유권확인판결에 한한다.

③ 토지대장상 공유인 미등기토지에 대한 공유물분할판결도 이에 해당하나, 이 경우 판결에 따라 분필한 후 소유권보존등기를 신청하여야 한다.

④ 당해 부동산이 보존등기신청인의 소유임을 이유로 소유권보존등기의 말소를 명한 판결로 소유권보존등기를 할 수 없다.

⑤ 건축물대장상의 소유자 표시가 공란으로 되어있는 경우, 국가를 상대로 소유권확인판결을 받은 자는 판결정본을 첨부하여 소유권보존등기를 신청할 수 있다.

03 다음 중 소유권보존등기 신청에 관한 설명으로 옳지 않은 것은?

① 미등기 토지에 대하여 법원의 소유권에 대한 처분제한등기(가압류, 가처분, 강제경매), 주택임차권명령등기촉탁시 직권으로 보존등기를 한다.

   * 세무서의 압류등기의 촉탁이 있는 경우, 등기관은 직권으로 소유권보존등기를 하여야 한다 ×

② 토지에 대한 기존의 소유권보존등기를 말소하지 않고는 그 토지에 대한 소유권보존등기를 할 수 없다.

③ 처분제한의 등기촉탁으로 건물에 관한 직권보존등기가 이루어진 후 그 처분제한의 등기를 말소할 경우에도 소유권보존등기도 말소된다.

④ 부동산의 일부에 대한 보존등기 신청은 할 수 없고, 공동소유자 중 자기지분만에 대한 소유권보존등기도 할 수 없다.

⑤ 1동의 건물에 속하는 구분건물 중 일부만에 관하여 소유권보존등기를 신청하는 경우에는 나머지 구분건물의 표시에 관한 등기를 동시에 신청하여야 한다.

⑥ 규약상 공용부분을 규약폐지 후 취득한 새로운 소유자는 지체 없이 소유권보존등기를 신청할 수 있다.

04 다음 중 소유권보존등기 신청에 관한 설명으로 옳은 것은?

① 포괄유증의 목적 부동산이 미등기인 경우, 유언집행자가 상속인 명의로 소유권보존등기를 한 다음 유증을 원인으로 한 소유권이전등기를 신청해야 한다.

② 토지대장의 소유자 표시란이 공란이거나 소유자 표시에 일부 누락이 있어 대장상 소유자를 특정할 수 없는 경우에는 국가를 상대로 소유권확인 판결을 받아 보존등기를 신청하여야 한다.

③ 甲과 乙이 공동투자하여 신축한 건물의 소유권보존등기는 甲과 乙이 공동신청한다.

④ 특별자치도지사 시·군·구청장이 발급한 사실확인서로서 자기의 소유권을 증명하는 자는 토지 소유권보존등기를 신청할 수 있다.

⑤ 토지대장상 최초의 소유자인 甲의 미등기 토지가 상속된 경우, 甲 명의로 보존등기를 한 후 상속인명의로 소유권이전등기를 한다.

⑥ 민법상 조합의 명의로 소유권보존등기를 신청할 수 있다.

05 다음 중 소유권보존등기 신청에 관한 설명으로 옳지 않은 것은?

① 강제경매등기의 촉탁이 있는 경우에는 직권보존등기의 대상이 되지만, 임의경매등기의 촉탁은 직권보존등기의 대상이 아니다.

② 건물의 소유권보존등기를 신청하는 경우에 그 대지 위에 여러 개의 건물이 있을 때에는 그 대지 위에 있는 건물의 소재도를 첨부정보로서 등기소에 제공하여야 한다.

③ 건물을 신축한 경우 소유자는 준공검사일로부터 60일 이내에 보존등기를 신청하여야 한다.

④ 소유권보존등기신청정보에는 등기필정보, 인감증명정보는 제공할 필요가 없으나 대장등록정보는 제공하여야 한다.

⑤ 소유자의 신청에 의한 소유권보존등기를 마치면 등기필정보를 작성한다.
*직권에 의한 소유권보존등기시 등기필정보를 작성한다 ×

⑥ 판결에 의한 등기를 하려면 확정판결이어야 하며, 확정판결과 동일한 효력을 가지는 각종의 조서에 의하여도 등기를 신청할 수 있다.

핵심테마 2 소유권이전등기 등

1. 공동소유등기

	공유	합유	총유
1. 의의	개인간	조합원	권리능력 없는 사단 : 종중
2. 지분	등기기록 1/3, 1/3, 1/3	**등기기록하지 않는다.**	지분 없음
3. 주체이전	소유권이전	합유자 사망시 − 합유명의인 변경등기	① **신청인 : 대표자** ② **권리자 : 사단(종중)**
4. 소유권이전	○	×	③ 사원총회결의사, 대표자인감 : 등기의무자일 때
5. 저당권	○	×	
6. 상속	○	×	
7. 처분제한 (가압류, 가처분)	○	×	④ 부동산등록번호 : 시장, 군 수, 구청장이 부여
용익권	×		

① 의의 : 소유권의 일부이전등기는 단독소유를 공유로 하거나 또는 공유물의 지분을 이전하거나 지분의 일부를 이전하는 것 (단, 부동산의 특정일부의 이전등기×)

② 소유권의 일부이전등기를 신청하는 경우에는 신청정보에 그 공유지분을 표시하고 만일 등기원인에 공유물분할의 약정이 있는 때에는 이를 기록하여야 한다.

③ 공유물분할 약정의 변경등기는 공유자 전원이 공동으로 신청하여야 한다.

④ 등기부 기재방법 : 갑 3/4중 절반 이전 (전체 지분기록 : 3/8)

⑤ 공유지분은 소유권이전(저당권설정)등기는 가능하지만, 합유지분에 대한 이전(저당권설정)은 불가능하다.

⑥ 합유자 중 일부가 사망한 경우에는 상속인은 지분반환청구권을 가질 뿐 합유자로서의 지위가 승계되는 것이 아니므로 잔존 합유자의 합유로 하는 합유명의인 변경등기를 신청할 수 있다.

⑦ 법인 아닌 사단이 등기신청시 등기 의무자인 경우 대표자의 인감증명정보와 사원총회결의서를 제공하여야 한다.

06 甲이 그 소유의 부동산을 乙에게 매도한 경우에 관한 설명으로 틀린 것은?

① 등기관이 소유권의 일부에 관한 이전등기를 할 때에는 이전되는 지분을 기록하여야 하고, 그 등기원인에 분할금지약정이 있을 때에는 그 약정에 관한 사항도 기록하여야 한다.

② 乙은 甲의 위임을 받으면 그의 대리인으로서 소유권이전등기를 신청할 수 있다.

③ 乙이 소유권이전등기신청에 협조하지 않는 경우, 甲은 乙에게 등기신청에 협조할 것을 소구(訴求)할 수 있다.

④ 甲이 소유권이전등기신청에 협조하지 않는 경우, 乙은 승소판결을 받아 단독으로 소유권이전등기를 신청하는 경우 등기필정보를 제공하여야 한다.

⑤ 소유권이전등기가 마쳐지면, 乙은 등기신청을 접수한 때 부동산에 대한 소유권을 취득한다.

⑥ 매매를 등기원인으로 하는 소유권이전등기를 신청할 때에는 매도인과 매수인인 주소증명정보를 제공하여야 한다.

⑦ 소유권이전등기는 갑구에 주등기로 하며, 종전의 소유권등기는 말소하지 않는다.

07 공동소유의 등기에 관할 설명으로 옳은 것은?

① 부동산의 공유지분위에 저당권이나 가압류를 설정을 할 수 없다.

② 공유물의 소유권등기에 부기등기된 분할금지약정의 변경등기는 공유자의 1인이 단독으로 신청할 수 있다.

③ 종중 명의로 신청하는 경우, 종중의 대표자가 등기권리자가 될 수 있다.

④ 법인 아닌 사단 A 명의의 부동산에 관해 A가 B에게 매매를 원인으로 이전등기를 신청하는 경우, 특별한 사정이 없는 한 A의 사원총회 결의가 있음을 증명하는 정보를 제출하여야 한다.

⑤ 합유자 중 1인이 다른 합유자 전원의 동의를 얻어 합유지분을 처분하는 경우, 지분이전등기를 신청할 수 있다.

⑥ 공유자 중 1인의 지분포기로 인한 소유권이전등기는 지분을 포기한 공유자가 단독으로 신청한다.

⑦ 건물의 특정부분이 아닌 공유지분에 대한 전세권설정등기를 할 수 있다.

08 공유, 합유등기에 관한 설명으로 틀린 것은?

① 갑구 순위번호 2번에 기록된 A의 공유지분 4분의 3중 절반을 B에게 이전한 경우 등기목적란에 '2번 A의 지분 4분의 3중 일부(8분의 3)이전'으로 기록한다.

② 등기할 권리가 합유(合有)인 때에는 합유 지분 외에 합유라는 뜻도 기록하여야 한다.

③ 2인의 합유자 중 1인이 사망한 경우, 잔존 합유자는 그의 단독소유로 합유명의인 변경등기신청을 할 수 있다.

④ 권리능력 없는 사단이 등기의무자로 등기를 신청할 때에 대표자의 인감증명정보를 제공하여야 한다.

⑤ 공유자 전원의 합의로 공유를 합유로 한 경우에는 소유권의 변경등기를 한다.

⑥ 등기된 공유물분할 금지기간 약정을 갱신하는 경우, 이에 대한 변경등기는 공유자 전원이 공동으로 신청하여야 한다.

2. 상속등기

단독신청	협의분할시(전원임감) (전)(이), (후)(경)	자기지분만 : × (1인이 전원명의 ○)

(1) 협의분할에 따른 상속등기의 실행방법 (암기 (전)(이), (후)(경))

구 분	등기실행방법	등기원인일자
① 상속등기(전) 협의분할	소유권(이전)등기	피상속인사망일
② 상속등기(후) 협의분할	소유권(경정)등기	(협의분할일)

㉠ 상속인이 수인인 경우 자기지분만 상속등기는 불가능하나, 1인이 전원명의의 상속등기는 가능하다.

㉡ 협의분할시 상속인 전원의 인감증명정보를 제공하여야 한다.

㉢ 상속등기 후 상속재산을 협의분할 한 경우 소유권 경정등기를 신청할 수 있다.

3. 유증에 의한 소유권이전등기

① 공동 : (포괄, 특정) ㉠수증자(권리자) ㉡유언집행자(의무자)	② 효력발생 ㉠포괄 = 사망시 ㉡특정 + 등기시	③ 원인일자 : 사망, 조건성취일 ④ 상속등기없이 가능, ⑤ 상속말소없이 가능 ⑥ 유류분침해시 : 수리	○: ⑦유언장, 등기필정보,	⑧자기지분만 : ○ ⑨생존중 : 가등기 × ㉠사망시 : 가등기 ○

① 종류 : ㉠ 포괄유증은 사망시 물권변동의 효력이 발생한다.

　　　　 ㉡ 특정유증은 등기해야 물권변동의 효력이 발생하다.

② 등기신청인 : 포괄유증이나 특정유증 불문하고 공동으로 신청한다.

③ 등기신청방법

㉠ 미등기 부동산	① 포괄적 유증을 받은 자는 자신 앞으로 직접소유권보존등기를 신청할 수 있다.
	② 특정적 유증을 받은 자는 자신 앞으로 직접 소유권보존등기를 신청할 수 없다. 따라서 유언집행자가 상속인 명의로 먼저 소유권보존등기를 한 후에 특정적 유증을 받은 자 앞으로 소유권이전등기를 신청하여야 한다.
㉡등기된 부동산	① 상속등기를 거치지 않고 직접 수증자 명의로 등기를 신청한다.
	② 다만 이미 상속 등기가 행하여진 경우에는 상속등기를 말소함이 (없이) 상속인으로부터 수증자에게 유증으로 인한 소유권이전등기를 신청할 수 있다.

④ 유증의 가등기

 ㉠ 유증으로 인한 소유권이전등기청구권보전의 가등기는 유언자가 사망한 후인 경우에는 청구권이 발생하므로 (가능)하고,

 ㉡ 유언자가 생존중인 경우에는 청구권이 발생하지 않으므로 이를 수리하여서는 아니 된다.

⑤ 유증으로 인한 소유권이전등기 신청이 상속인이 유류분을 침해하는 내용이라 하더라도 등기관은 이를 (수리)하여야 한다.

09 상속 또는 유증으로 인한 소유권이전등기에 관한 설명으로 옳은 것은?

 ① 공동상속인 중의 1인은 공유물의 보존행위로서 상속인 모두를 위하여 상속등기를 신청할 수 없다.

 ② 포괄유증받은 자가 여러 명인 경우 그중 일부의 자가 자신의 유증지분에 대하여 먼저 소유권이전등기를 신청한 경우 각하하여야 한다.

 ③ 특정유증으로 인한 소유권이전등기는 유언집행자가 등기의무자, 수증자가 등기권리자가 되어 공동으로 신청하나 포괄유증에 의한 소유권이전등기는 단독으로 신청한다.

 ④ 유증으로 인한 소유권이전등기는 포괄유증이든 특정유증이든 상속등기를 거치지 아니하고 유증자로부터 직접 수증자 명의로 등기를 신청할 수 있다.

 ⑤ 유증으로 인한 소유권이전등기 전에 상속등기가 이미 경료된 경우에는 상속등기를 말소하고 상속인으로부터 유증으로 인한 소유권이전등기를 신청할 수 있다.

 ⑥ 甲이 그 명의로 등기된 부동산을 乙에게 매도한 뒤 단독상속인 丙을 두고 사망한 경우 丙은 자신을 등기의무자로 하여 甲에서 직접 乙로의 이전등기를 신청할 수 없다.

10 상속 또는 유증으로 인한 소유권이전등기에 관한 설명으로 옳은 것은?

① 유증에 의한 소유권이전등기 등기신청정보에 등기의무자의 등기필정보를 제공하지 않는다.

② 유증으로 인한 소유권이전등기청구권보전의 가등기는 유언자가 생존중인 경우에는 이를 수리한다.

③ 유증으로 인한 소유권이전등기청구권보전의 가등기는 유언자가 사망한 후에는 이를 수리하여서는 아니 된다.

④ 유증으로 인한 소유권이전등기신청이 상속인의 유류분을 침해하는 경우에는 등기관은 이를 수리하지 않는다.

⑤ 등기원인은 "○년 ○월 ○일 유증"으로 기재하되, 그 연월일은 유증자가 사망한 날을 기재한다. 다만, 유증에 조건 또는 기한이 붙은 경우에는 그 조건이 성취한 날 또는 그 기한이 도래한 날을 기재한다.

⑥ 공동상속인이 법정상속분과 다른 비율의 지분이전등기를 상속을 원인으로 신청하는 경우, 그 지분이 신청인이 주장하는 지분으로 변동된 사실을 증명하는 서면을 신청서에 첨부하여 제출하지 않으면 등기관은 그 신청을 각하한다.

4. 수용에 의한 소유권이전등기

① 단독 or관공서촉탁	② 소유권 이외 권리 직권말소: (단, 상속, 지역×)	③ 수용 일자	④ ×: 검인, 등기필정보, 인감 ○: 협의성립확인서	⑤ 재결실효시: 소유권말소 등기: 공동신청

【암기】 ⑨ ⑲ 이는 직권말소되지 않는다

1) 직권말소 하는 등기	① 수용일 이후에 경료된 소유권이전등기 ② 수용토지에 설정된 소유권이외이권리(지상권·전세권·저당권·권리질권·임차권 및 가등기·처분제한등기(압류·가압류·가처분등기)는 **수용 전, 후를 불문**하고 **직권말소** 한다.
2) 직권말소 하지 않는 등기	① 수용일 이전에 경료된 소유권이전등기 ② 수용일 이전에 상속이 개시되었지만 수용일 이후에 경료된 (상속)등기 ③ 그 부동산을 위하여 존재하는 (지역권)의 등기 ④ 토지수용위원회의 재결로써 존속이 인정된 권리의 등기

3) 토지수용에 의한 소유권이전등기는 (단독)으로 신청하지만,
재결이 실효된 경우 소유권말소등기는 (공동)으로 신청한다.

5. 진정명의 회복에 의한 소유권이전등기

① 공동(권리자 + 현재등기명의인) or 이행판결(단독)	② ○ : 등기원인 × : 원인날짜	③ × : ⓐ토지허가서, 검인계약서, 농취증등. 　　　ⓑ공동신청시 : 등기원인증명정보× ④ ○ : 판결시 : 등기원인서면(판결서)

1) 등기절차
② 신청정보에는 **등기원인**을 '진정명의회복'이라고 기록하여야 하지만,
　등기원인(날짜)는 기록할 필요가 없다.
③ 첨부정보 :
　㉠ **공동신청**하는 경우에는 **등기원인을 증명하는 정보**를 등기소에 제공하지 아니한다.
　㉡ 그러나 **판결에 의하여** 단독신청하는 경우에는 등기원인을 증명하는 정보로서 확정판결정
　　본을 등기소에 제공하여야 한다.
　㉢ 계약이 아니므로 **검인계약서, 토지거래허가서, 농지취득자격증명서**를 첨부할 필요가 (없다).

11 수용에 의한 소유권이전등기에 관한 설명으로 틀린 것은?

① 국가 및 지방자치단체에 해당하지 않는 등기권리자는 재결수용으로 인한 소유권
이전등기를 단독으로 신청할 수 있다.

② 토지수용의 재결의 실효를 원인으로 하는 토지수용으로 인한 소유권이전등기 말
소신청은 단독으로 신청한다.

③ 등기관이 수용으로 인한 소유권이전등기를 하는 경우 그 부동산의 등기기록 중 소
유권, 소유권 외의 권리, 그 밖의 처분제한(가압류, 가처분)에 관한 등기가 있으면
그 등기를 직권으로 말소하여야 한다.
　* 수용에 의한 등기를 실행한 경우 수용 전에 실행된 처분금지가처분등기나 가압류등기는
　　직권으로 말소할 수 없다 ×

④ 토지수용으로 인한 소유권이전등기를 하는 경우에는 수용의 개시일 이후에 경료
된 소유권이전등기로서 상속을 원인으로 한 소유권이전등기는 등기관이 직권으로
말소되지 않는다.

⑤ 토지수용시 그 부동산을 위하여 존재하는 지역권의 등기 또는 토지수용위원회의
재결(裁決)로써 존속(存續)이 인정된 권리의 등기는 직권말소되지 않는다.

⑥ 甲소유 토지에 대해 사업시행자 乙이 수용보상금을 지급한 뒤 乙 명의로 재결수용
에 기한 소유권이전등기를 하는 경우, 수용개시일 후 甲이 丙에게 매매를 원인으
로 경료한 소유권이전등기는 직권 말소된다.

12 소유권이전등기에 관한 설명으로 옳은 것은?

① 등기된 토지를 수용한 경우, 등기관이 수용을 원인으로 하는 기존등기부를 폐쇄한 후 소유권보존등기를 하여야 한다.

② 진정명의회복을 원인으로 한 소유권이전등기 신청시에는 계약서에 검인, 토지거래허가증, 토지거래신고필증을 제공할 필요가 없다.

③ 신청정보에 등기원인은 '진정명의회복'으로, 등기원인일자는 '합의일자'를 기록하여야 한다.

④ 유증을 원인으로 하는 소유권이전등기를 공동으로 신청할 때 다른 상속인들의 동의나 승낙을 받아야 한다.

⑤ 법정의 공동상속분에 따른 상속등기 후, 상속재산의 협의분할을 한 경우 그 등기는 소유권이전 등기방식에 의한다.

⑥ 甲소유 토지에 대해 甲과 乙의 가장매매에 의해 乙 앞으로 소유권이전등기가 된 후에 선의의 丙 앞으로 저당권설정등기가 설정된 경우, 甲과 乙은 공동으로 진정명의회복을 위한 이전등기를 신청할 수 없다.

핵심테마 3 **환매특약등기**

① 권: 매도인 (제3자×) 의: 매수인	② 직권말소: 행사 ③ 공동말소: 행사×	④ 필: ㉠대금 ㉡비용 ⑤ 임: 환매기간 ⑥ 별개의신청서	⑦ ×: 등기필정보, 인감	⑧ 소 + 이전 동시신청 않으면(2호)	⑨ 갑구	⑩ 부기등기

【 갑구 】 (소유권에 관한 사항)

순위	등기목적	접 수	등기원인	권리자 및 기타사항
1	소유권 보존	2000년 5월 3일	–	소 유 자 강 시 우(매도인) 551221−2287364서울 동작구 사당동 10
2	소유권 이전	2001년 10월5일 제12345호	2001년 10월 4일 환매특약 부 매매	소 유 자 강 철 의(매수인)761210−1238693 서울 중랑구 상봉동 70
2−1	환매특약	~~2001년 10월 5일 제12345호~~	~~2001년 10월 4일 특약~~	~~환매대금 금50, 000, 000원 + 계약비용 300, 000~~ ~~환매기간 2006년 10월 5일까지~~ ~~환매권자~~ ~~강 시우 (매도인)~~
3	소유권 이전 (행사)	2006년 10월 9일 제23456호	2006년 10월 5일 환매	소 유 자 강 시우 551221−2287364서울 동작구 사당동 10
4	2−1 환매권 말소(직권)			3번 소유권이전등기로 인하여 2006년 10월 9일

㉠ 환매권의 등기는 **매도인이 등기권리자**로 매수인이 등기의무자로서 신청하고, 제3자를 환매권리자로 하는 환매권등기신청은 (**불가능**)하다.

㉡ 환매권의 행사에 의한 권리취득등기시 환매특약등기는 등기관이 (**직권**)으로 말소한다(암38 : 환매 + 행사 + 직).

㉢ 환매기간의 경과등 환매권행사이외의 사유로 환매권이 소멸된 경우에는 환매특약의 등기는 (**공동**)신청으로 말소한다.

㉣ 환매특약의 등기는 갑구에 매매로 인한 소유권이전등기에 (**부기**)등기로 한다.

(암기) 37 : 환 갑에 부기)

㉤ 환매특약등기에 있어서 매수인이 지급한 대금 및 매매비용은 신청정보의 필요적 기록사항이다.

13 환매권등기에 관한 설명으로 틀린 것은?

① 환매의 등기는 매도인이 등기권리자, 매수인이 등기의무자로서 신청하고, 당사자의 특약이 있는 경우에는 제3자를 환매권리자로 하는 환매권등기신청은 불가능하다.

② 환매특약의 등기신청은 매매로 인한 소유권이전등기신청과는 동시에 신청하나 별개의 신청정보에 의하여야 한다.

③ 환매특약의 등기를 신청하는 경우 신청정보의 내용으로 매수인이 지급한 대금, 매매비용은 필요적기록사항이나 환매기간은 임의적기록사항이다.

④ 환매권의 행사에 따른 권리취득의 등기를 하였을 때에는 환매특약의 등기는 등기관이 직권으로 말소한다.

⑤ 환매권이 행사 없이 존속기간의 경과 또는 당사자 사이의 합의 등으로 환매권이 소멸하는 경우 단독신청으로 환매특약등기를 말소할 수 있다.

⑥ 환매특약등기는 갑구에 부기등기형식으로 행한다.

⑦ 환매등기를 경료한 후 환매기간이 경과하기 전에 환매권자가 다른 원인으로 해당 부동산에 대한 소유권을 취득함으로써 환매권이 혼동으로 소멸한 경우에는 등기관이 직권으로 환매등기를 말소한다.

핵심테마 4 **신탁등기 : 재건축조합**

① 수탁자 : 단독신청, ② 대위 : 위탁자, 수익자(동시×)	③ 1건의 신청 정보로 일괄신청	④ 신탁원부 : 매 부동산마다, ⑤ 수탁자수인 : 합유	⑥ 소 + 이전과 동시신청	⑦ 주등기 ⑧ 하나의순위번호

(소유권에 관한 사항)

순위 번호	등기목적	접 수	등기원인	권리자 및 기타사항
1	소유권 보존	(생략)		소유자 甲 위탁자 751211-1272011 서울 중랑구 면목동 11
2	소유권 이전	2006년 10월 5일, 제12345호	2006년 10월 4일, 신탁	수탁자 乙 수탁 661210-12 서울 동대문구 제기동 70
	신탁등기			신탁원부 제5호

㉠ 신탁등기(신탁등기의 말소등기)는 **수탁자가** (**단독**)으로 신청한다.

㉡ 위탁자나 수익자는 수탁자를 대위하여 신탁등기를 신청할 수 있다. 이 경우 권리의 등기와 동시에 신청할 필요는 없다.

㉢ 신탁등기는 권리의 설정, 이전등기와 (**동시**)에 **신청**하여야 한다.

㉣ 신탁등기는 권리의 설정, 이전등기와 (**하나의**) **순위번호**를 사용한다.

㉤ 신탁원부는 **매부동산마다** 제공한다.

㉥ 신탁재산이 수탁자의 고유재산이 되었을 때에는 그 뜻의 등기는 (**주**)**등기**로 행하여진다.

㉦ 신탁등기의 신청은 해당 신탁으로 인한 권리의 이전 또는 보존이나 설정등기의 신청과 1건의 신청정보로 (**일괄**)**신청**하여야 한다.

㉧ 신탁등기시 수탁자가 甲과 乙인 경우, 등기관은 신탁재산이 甲과 乙의 (**합유**)인 뜻을 기록하여야 한다.

㉨ 위탁자를 의무자로 하는 처분제한등기(가압류, 가처분)는 수리하지 **않지만**, 수탁자를 의무자로 하는 처분제한등기(가압류, 가처분)은 수리한다.

14 신탁등기에 관한 설명이다. 틀린 것은?

① 신탁등기와 신탁등기의 말소등기는 수탁자가 단독으로 신청한다.
 * 수익자 또는 위탁자는 수탁자를 대위하여 신탁등기를 신청할 수 있다. 이 경우 동시에 신청할 필요는 없다 ○

② 신탁등기의 신청은 해당 신탁으로 인한 권리의 이전 또는 보존이나 설정등기의 신청과 함께 1건의 신청정보로 일괄하여 하여야 한다. * 별개의 신청정보제공 ×

③ 신탁등기의 신청은 해당 신탁으로 인한 권리의 이전 또는 보존이나 설정등기의 신청과 동시에 하여야 한다.

④ 등기관이 권리의 이전 또는 보존이나 설정등기와 함께 신탁등기를 할 때에는 하나의 순위번호를 사용하여야 한다. * 다른 순위번호 ×

⑤ 수탁자가 여러 명인 경우 등기관은 신탁재산이 공유인 뜻을 기록하여야 한다.

⑥ 농지에 대하여 신탁법상 신탁을 등기원인으로 하여 소유권이전등기를 신청하는 경우, 신탁의 목적에 관계없이 농지취득자격증명을 첨부하여야 한다.

15 신탁등기에 관한 설명이다. 틀린 것은?

① 수개의 부동산에 관하여 하나의 신청정보에 의하여 신탁등기를 신청하는 경우에는 전체 부동산에 대하여 매 부동산마다 신탁원부를 첨부정보로 등기소에 제공할 수 있다.

② 신탁재산이 수탁자의 고유재산이 되었을 때에는 그 뜻의 등기를 주등기로 한다.

③ 위탁자를 등기의무자로 하는 처분제한등기(가압류, 가처분등기)는 수리하지 않지만, 수탁자를 의무자로 하는 처분제한등기는 수리한다.

④ 법원이 신탁변경의 재판을 한 경우 수탁자는 지체없이 신탁원부 기록의 변경등기를 신청하여야 한다.

⑤ 등기관이 신탁재산에 속하는 부동산에 관한 권리에 대하여 수탁자 변경으로 인한 이전등기를 할 경우에는 직권으로 그 부동산에 관한 신탁원부 기록의 변경등기를 하여야 한다.

⑥ 신탁가등기의 등기신청도 가능하다.

⑦ 합필하고자 하는 두 필지에 「부동산등기법」 제81조 제1항 각 호의 등기사항이 동일한 신탁등기가 존재할 경우 합필등기를 할 수 있다.

핵심테마 5 **용익권등기(지상권, 지역권, 전세권, 임차권)**

암기 용익권(전세, 지상)은 가능, 나머지 권리(저당권, 소 + 이전 등)는 불가능

구분	부동산의 일부	합병	공유지분	하천	2중	대지권등기후 처분의 일체성
용익권	○	○	×	×	×	○
저당권(소 + 이)(가압류, 가처분)	×	×	○	○	○	×

⑨ 지상권설정 (건물, 공작, 수목)	① 공동 (권 : 지상권자, 의 : 지상권설정자)	② 필 : ⓐ목적, ⓑ범위 ③ 임 : ⓐ지료, ⓑ존속기간, ㉮불확정기간도가능 ㉯최단위반시 : 수리	④ ○ : 등기필정보, 도면(일부), 토지거래허가서 ⑤ 지상이전시 - 소유자승낙×	⑥ 공유지분× ⑦ 부동산 일부 ○ ⑧ 2중×	⑨ 주등기

⑨ -1 구분지상권	⑭ 필 : 범위특정(지상, 지하상하) ㉯임 : 토지사용제한특약	⑪ 도면제공× ⑫ 이해관계인승낙서 ○	⑩ 수목× ⑬ 상하 구분해서 2중 가능

㉠ 존속기간에 대한 민법 제280조 제1항의 최단 기간보다 단축한 기간을 기재한 등기신청이라도 법정기간까지 연장되기 때문에 신청서의 기재내용을 수리한다.
㉡ 지상권 이전등기시 소유자의 승낙은 필요 (없다).
㉢ 일반지상권을 구분지상권으로 상호 변경등기도 가능하다.
㉣ 지상권설정등기는 (주)등기로, 지상권이전등기는 (부기)등기로 한다.
㉤ (구분)지상권은 부동산의 공유지분에 대하여는 설정등기가 (불가능)하다.
㉥ 구분지상권은 **수목**을 목적으로 설정하지 못하며, **2중으로** 가능하지만, **도면을 제공하지 않는다.**

2. 지역권설정

① 공동 권 : 요역지 소유자 의 : 승역지 소유자(전세권자○)	② 승역지 등기소 : 신청 ③ 요역지 : 직권	④ 필 : 요역지표시, 목적, 범위 ⑤ 당사자가 정한 특약	⑥ ○ : 일부(승역지) : 도면. ⓐ요역지는 : 전부만 ⑦ 요역지 이전시 지역권 당연히 이전됨 ⑧ 시효완성 통행지역권취득 : 등기○	㉠ 부동산 일부○ ㉡ 공유지분×	⑨ (소)~주 (전)~부기

㉠ 지역권은 승역지에 신청하면 요역지에의 지역권등기는 등기관이 직권으로 기록한다. [암기] 요직
㉡ 승역지는 1필지 일부나 전부도 가능하지만 요역지는 1필지 전부이어야 한다.
㉢ 요역지의 소유권이 이전되면 지역권은 별도의 등기 없이 이전 된다.
㉣ 승역지의 전세권자가 지역권을 설정해주는 경우, 그 지역권설정등기는 전세권등기에 부기 등기로 한다.

3. 전세권설정	① 공동 (권: 전세권자, 의: 전세설정자): ② 공유부동산은 공유자 전원이 의무자	③ 필: ⓐ전세금, ⓑ범위 ④ 임: ⓐ존속기간, ⓑ양도금지특약등	⑤ ○: 도면(일부), 단, 특정층 전부는 도면 × ⑥ 5개이상: 공동전세목록작성 ⑦ 증액변경등기: 후 + 저(이해관계인○) ⑧ 존속기간만료시: 전세권목적저당권×	⑨ 공유지분× ⑩ 농지전세×, ⑪ 2중× ⑫ 부동산일부 ○	⑬ 주등기
3-1.전세금반환채권의 전세권일부이전			⑭ 기간 종료 후	⑮ 양도액 기재	⑯ 부기

㉠ 공유부동산에 전세권을 설정할 경우, 그 등기기록에 기록된 공유자 전원이 등기의무자이다.
㉡ 전세권이 존속기간을 연장하는 변경등기를 신청하는 경우, 후순위 저당권자는 등기법상 이해관계인에 해당된다.
㉢ 공유지분에(=대지권)대하여 전세권설정등기를 할 수 (없다).(암25)
㉣ 전세권존속기간 종료시 전세권목적의 저당권설정등기를 할 수 (없다).
㉤ 전세권의 존속기간이 종료된 (후) 전세금반환채권의 일부양도에 따른 전세권일부이전등기를 신청할 수 있고, 이 경우 양도액을 기록하여야 한다.
㉥ 전세권설정등기가 된 후에 건물전세권의 존속기간이 만료되어 법정갱신이 된 경우, 존속기간 연장을 위한 변경등기를 하지 않으면 그 전세권에 대한 저당권설정등기를 할 수 없다.

4.임차권 등기	① 공동: 권: 임차인 의: 임대인	② 임차권명령등기 ㉠기간종료(후) ㉡관공서의 촉탁	③ 필: ㉠차임, ㉡범위 ④ 임: ㉠임차보증금, ㉡존속기간(불확정가능)	⑤ 임차권명령등기 후 그 기초로 한 임차권 이전: × ⑥ 구분임차권×

1. 주택임차권등기명령에 따라 임차권등기가 된 경우, 그 등기에 기초한 임차권이전등기
2. 토지의 공중공간이나 지하공간에 상하의 범위를 정하여 구분임차권등기를 할 수 (없다).
3. 송전선이 통과하는 선하부지에 대한 임대차의 존속기간을 '송전선이 존속하는 기간'으로 하는 불확정기간으로 하는 임차권설정등기도 (가능)하다.

16 용익권등기에 대한 설명으로 옳은 것은?

① 갑과 을이 공유하는 토지에 대하여 갑이 가지는 2분의 1 지분을 목적으로 하는 구분지상권설정등기도 가능하다.

② 구분지상권에 있어 지하나 공간의 상하의 범위는 평균해면 또는 지상권을 설정하는 토지의 특정지점을 포함한 수평면을 기준으로 하여 이를 명백히 하여야 하므로 도면을 제공하여야 한다.

③ 등기관이 승역지의 등기기록에 지역권설정의 등기를 할 때에는 지역권설정의 목적, 범위, 요역지표시에 관한 사항을 기록하여야 한다.

④ 존속기간은 불확정기간으로 정할 수 없으므로 지상권, 임차권의 존속기간을 '철탑 존속기간'으로 한다고 한 등기도 무효이다.

⑤ 지역권설정은 요역지 관할등기소에 신청하면, 승역지의 지역권의 등기사항은 등기관이 직권으로 기록하여야 한다.

⑥ 요역지의 소유권이 이전된 경우, 지역권 이전의 효력이 발생하기 위해서는 원칙적으로 지역권이전등기를 하여야 한다.

17 용익권등기에 대한 설명으로 옳은 것은?

① 지상권이전등기를 신청하는 경우 토지소유자의 승낙정보를 첨부하여야 한다.

② 승역지의 전세권자가 지역권을 설정해 주는 경우, 그 지역권등기는 전세권등기에 주등기로 한다.

③ 지상권설정등기를 신청할 때 그 범위가 토지의 일부인 경우, 그 부분을 표시한 토지대장을 첨부정보로 등기소에 제공하여야 한다.

④ 전세금반환채권의 일부 양도를 원인으로 하는 전세권 일부이전등기의 신청은 전세권 소멸의 증명이 없는 한, 전세권 존속기간 만료 전에는 할 수 없다.

⑤ 전세금반환채권의 일부 양도를 원인으로 전세권 일부이전등기 주등기로 행하여진다.

⑥ 2개 이상의 부동산에 관하여 전세권설정등기를 실행할 때에는 등기관이 공동전세목록을 작성하여야 한다.

18 용익권등기에 대한 설명으로 옳은 것은?

① 전세권설정등기가 된 후에 건물전세권의 존속기간이 만료되어 법정갱신이 된 경우, 존속기간 연장을 위한 변경등기를 하지 않아도 그 전세권이전등기나 전세권에 대한 저당권설정등기를 할 수 있다.

② 승역지의 지상권자는 그 토지 위에 지역권을 설정할 수 있는 등기의무자가 될 수 없다.

③ 주택임차권등기명령에 따라 임차권등기가 된 경우, 그 등기에 기초한 임차권이전등기를 할 수 있다.

④ 토지의 상하의 범위를 정하여 사용하는 구분임차권은 등기할 수 있다.

⑤ 임차권설정등기를 신청할 때에는 차임과 임차보증금은 필요적으로 신청정보의 내용으로 제공하여야 한다.

⑥ 공유부동산에 전세권을 설정할 경우, 그 등기기록에 기록된 공유자 전원이 등기의무자이다.

핵심테마 6 **저당권에 관한 등기절차**

1.저당권설정등기	① (권 : 저당권자,의 : 저당권설정자)	② 필요적㉠채권액(채권가액), ㉡채무자, ㉢권리의(전세권)표시, ㉣공동담보의표시③ 임 : ㉠이자, ㉡변제기, ㉢부합물에 미치지 않는다는 특약(부합물에 미치게하는 변경등기 필요 없다)	④ 공동담보목록(5개) : 등기관	⑤ 공유지분 : ○⑥ 부동산 일부×	⑦ (소)~: 주⑧ (전)~: (부기)

㉠ 일정한 금액을 목적으로 하지 않는 채권을 담보하기 위한 저당권설정등기를 신청하는 경우, 그 **채권의 평가액**을 신청정보의 내용으로 등기소에 제공하여야 한다.

㉡ 증축된 건물이 기존 건물과 일체성이 인정되어 건물표시변경등기로 증축등기가 된 경우, 증축건물에 근저당권의 효력이 미치도록 하기 위하여 별도의 변경등기는 필요 (**없다**).

㉢ (**등기관**)은 부동산이 (**5**)개인 경우 공동담보목록을 작성한다.

㉣ 공유지분을 목적으로 하는 저당권설정등기는 (**가능**)하지만, 부동산의 일부를 목적으로 하는 저당권설정등기는 (**불가능**)하다.

㉤ 소유권목적의 저당권설정등기는 (**주**)등기이지만, 전세권이나 지상권목적의 저당권설정등기는 (부기)등기로 한다.

2. 저당권 이전등기	① 권 : (양수인) 의 : 양도인	② 필 : 저당권이 채권과 함께 이전한다는 뜻	③ 채무자의 통지서, 승낙서 : (×)	④ (부기)등기

㉠ 저당권이전등기를 신청할 경우, 채무자나 저당권설정자가 물상보증인이더라도 그의 승낙을 증명하는 정보를 등기소에 제공(**필요 없다**).

㉡ 저당권이전등기는 (**부기**)등기로 하고, 종전 저당권자의 표시는 말소한다.

3. 저당권 말소 등기	① 권 : 저당권설정자, 의 : ~~저당권자~~	② ㉠신청서 : 주등기(설정) 등기표시 ㉡주등기(설정등기)말소되면 저당권이전등기는 : (직권)말소	③ 저당권이전 후 말소등기의무자 : 양수인 ④ 소유권이전 후 저당말소등기 권리자 : ㉠ (채무변제시) : 저당권설정자 or 제3취득자도 가능 ㉡ 원인무효 : 제3취득자만	⑤ 주 등 기
3-1. 저당권 말소의 등기 절차	① 저당권이 이전된 경우에는 저당권의 말소등기 **의무자는 저당권양수인과 저당권설정자가 공동으로 신청**한다. ② 저당권설정등기 이후에 소유권이 제3자에게 이전되는 경우의 저당권의 **말소등기는** ㉠ 채무변제시는 **저당권설정자 또는 제3취득자가 저당권자와 공동으로** 신청다. ㉡ 원인무효시는 **제3취득자가** 저당권자와 공동으로 신청한다. ③ 등기신청정보에 → 저당권이 이전된 경우 신청서에 말소할 등기의 표시는 주등기인 (= **저당권 설정**)등기를 표시한다. ④ 저당권이 이전된 경우 저당권설정등기(=주등기)가 말소되면 부기등기인 저당권 이전등기는 (직권) 말소된다.			
4. 근저당 설정 등기	㉠ 필 : ① 근저당이라는 뜻. ② 채권최고액(단일) : 구분× ③ 채무자(연대×). ㉡ 임 : 존속기간등(이자×, 변제기×)	피담보채권확정 : ① 전 : (계약)양도, (계약인수) ② 후 : (채권)양도(채무인수)		주등기

㉠ 근저당권설정등기를 하는 경우 그 근저당권의 채권자 또는 채무자가 수인이면 채권최고액을 구분하여 기재하지 않고 (**단일**)하여 기재하여야 한다.

㉡ 근저당권설정등기시 존속기간은 임의적기록사항이나 이자나 변제기에 관한 사항은 등기부에 기록하지 (**않는다**).

4-1. 근저당권 이전등기	① 근저당권의 피담보채권이 **확정 (전)** : (**계약양도**)로 근저당권이전등기를 할 수 있다. ② 근저당권의 피담보채권이 **확정 (후)** : (**채권양도**)로 근저당권이전등기를 할 수 있다. (암기 전 계, 후 채)

5. 권리질권	권 : 질권자. 의 : 저당권자	㉠필 : 채권액, 채무자 ㉡임 : 존속기간, 이자	을구	(부기)등기

19 (근)저당권등기에 관한 설명으로 틀린 것은?

① 등기관이 저당권설정의 등기를 할 때에는 반드시 채권액, 채무자의 성명, 주소 사항을 기록하여야 한다. 다만, 변제기, 이자 등은 등기원인에 그 약정이 있는 경우에만 기록한다.

② 근저당설정등기를 함에 있어 그 채권최고액은 반드시 구분하게 기재하여야 하고, 그 근저당권의 채권자 또는 채무자가 수인일지라도 각 채권자 또는 채무자별로 채권최고액을 단일하여 기재할 수 없다.

③ 채무자와 저당권설정자가 동일한 경우에도 등기기록에 채무자를 표시하여야 한다.

④ 근저당권이 이전된 후 근저당권의 양수인은 소유자인 근저당설정자와 공동으로 그 근저당권말소등기를 신청 할 수 있다.

⑤ 저당권설정등기는 을구에 주등기로 실행하나, 지상권, 전세권을 목적으로 하는 경우에는 그 권리의 등기에 부기등기로 실행한다.

⑥ 甲과 乙이 공유하는 토지에 대하여 그 토지의 일부만 저당권등기를 신청할 때에는 그 부분을 표시한 도면을 첨부하여야 한다.

20 (근)저당권등기에 관한 설명으로 옳은 것은?

① 저당권의 이전등기는 항상 부기등기 형식으로 행하여지고, 변경 전 사항은 말소표시한다.

② 피담보채권의 일부양도를 이유로 저당권의 일부이전등기를 하는 경우, 등기관은 그 양도액도 기록할 필요가 없다.

③ 근저당권이전등기시 근저당권설정자가 물상보증인이더라도 그의 승낙서를 제공하여야 한다.

④ 저당권이 이전된 후에 말소등기를 신청하는 경우 '말소할 등기'의 표시로는 부기등기인 저당권이전등기를 적어야 한다.

⑤ 근저당권의 피담보채권액이 확정되기 전에 근저당권의 기초가 되는 기본계약상의 채권자 지위가 제3자에게 전부 또는 일부 양도된 경우, 그 양도인 또는 양수인은 채권양도를 등기원인으로 하여 근저당권이전등기를 신청할 수 있다.

21 (근)저당권등기에 관한 설명으로 옳지 않은 것은?

① 기존의 건물에 대한 저당권의 효력은 증축된 건물에도 미치므로 증축된 건물에 저당권의 효력을 미치게 하는 취지의 변경등기는 이를 할 필요가 없다.

② 저당권을 담보한 채권을 질권의 목적으로 한 경우, 그 저당권등기에 질권의 부기등기를 하여야 그 질권의 효력이 저당권에 미친다.

③ 채권자가 등기절차에 협력하지 아니한 채무자를 피고로 하여 등기절차의 이행을 명하는 확정판결을 받은 경우, 채권자는 채무자와 공동으로 근저당권설정등기를 신청하여야 한다.

④ 일정한 금액을 목적으로 하지 않는 채권을 담보하기 위한 저당권설정등기를 신청하는 경우에는 그 채권의 평가액을 신청정보의 내용으로 등기소에 제공하여야 한다.

⑤ 5개의 부동산이 공동담보의 목적물로 제공된 경우, 등기관은 공동담보목록을 작성하여야 한다. * 등기신청인은 공동담보목록을 작성하여 등기소에 제공하여야 한다 ×

⑥ 공동저당설정등기를 신청하는 경우, 각 부동산에 관한 권리의 표시를 신청정보의 내용으로 등기소에 제공하여야 한다.

22 (근)저당권등기에 관한 설명으로 옳은 것은?

① 근저당권설정등기시 피담보채권의 변제기는 등기사항이 아니다.

② 일정한 금액을 목적으로 하지 않는 채권을 담보하기 위한 저당권설정등기는 불가능하다.

③ 근저당권설정등기 이후에 소유권이 제3자에게 이전된 경우에는 제3취득자와 근저당권설정자가 공동으로 그 말소등기를 신청할 수 있다.

④ 저당권에서 이자는 임의적기록사항이나 근저당권에서 이자는 필요적 기록사항이다.

⑤ 근저당권의 약정된 존속기간은 등기사항이 아니다.

23 甲는 乙에 대한 근저당권자이었는바, 甲는 피담보채권이 확정된 후 채권전부를 제3자 丙에게 양도하였다. 옳은 등기신청방법은?

① 甲와 丙는 계약양도를 원인으로 근저당권이전등기를 신청하였다.

② 甲와 丙는 확정채권양도를 원인으로 근저당권이전등기를 신청하였다.

24 (근)저당권등기에 관한 설명으로 옳은 것은?

① 대지권이 등기된 구분건물의 등기기록에는 건물만을 목적으로 하는 저당권설정등기를 할 수 있다.

② 근저당권변경등기를 할 때 등기상 이해관계인이 없으면 주등기로 실행하여야 한다.

③ 저당권은 피담보채권과 함께 이전하므로 저당권의 이전등기를 신청할 때 채권이 저당권과 같이 이전한다는 뜻을 기재하여야 한다.

④ 「민법」상 조합 자체를 채무자로 표시하여 근저당권설정등기를 할 수 있다.

⑤ 공동저당 부동산 중 일부의 매각대금을 먼저 배당하여 경매부동산의 후순위 저당권자가 대위등기를 할 때, 매각대금을 기록하는 것이 아니라 선순위 저당권자가 변제받은 금액을 기록해야 한다.

핵심테마 7 **구분건물(집합건물)에 관한 등기절차**

㉖규약상공용 부분등기	① 소유자 의 단독 신청	② 직권 : 공용부분 의 말소등기	③ 취득자 + 보존등기	④ 이해관계인 승낙서○	⑤ 전유건물 + 표제부에

1.규약상 공용부분 등기	① 공용부분(共用部分)이라는 뜻의 등기는 소유권의 등기명의인이 단독으로 신청한다. ② 제1항의 등기신청이 있는 경우에 등기관이 그 등기를 할 때에는 그 등기기록 중 **전유건물의 (표제부)**에 공용부분이라는 뜻을 기록하고 각 구의 소유권과 그 밖의 권리에 관한 등기를 말소하는 표시를 하여야 한다. ③ 공용부분이라는 뜻을 정한 규약을 폐지한 경우에 공용부분의 취득자는 지체 없이 **(소유권 보존○. 소유권이전 ×)**등기를 단독 신청하여야 한다. ④ **(등기관이 ○, 공용부분취득자가 ×)** 제③항에 따라 소유권보존등기를 하였을 때에는 공용부분이라는 뜻의 등기를 말소하는 표시를 하여야 한다.

㉗대지권등기	신청	① ①동 표제부(하단) : (토지)의 표시(소재, 지번, 지목, 면적 등) ② 전유건물 표제부(하단) : (대지권)의 표시(대지권의 비율, 종류)

㉠ 대지권등기시 1동 전체 표제부에는 대지권의 목적인 **토지의 표시** (＝소재, 지번, 지목, 면적 등)에 관한 사항을 기록하여야 한다.(암39 : 1토)

㉡ 대지권등기시 전유부분 표제부 하단에는 **대지권의 표시** (＝대지권의 비율, 대지권의 종류)에 관한 사항을 기록하여야 한다.(암39 : 전권)

㉘대지권이 있다는 뜻의 등기	㉠권	㉤지등기부 + ㉥당구(갑구, 을구)	㉦등기

○	×
㉤지 등기기록에	건물 등기기록에 ×
㉥당구 (갑구 또는 을구)에	**표제부에 × **
㉠권	**신청 ×, 관공서 촉탁 × **
㉦등기로	부기등기로 ×

아파트 토지등기부 (알기) ㉤ ㉥ ㉠ ㉦ 글래)

순위번호	갑구 or 을구
3	소유권 대지권 or 지상권 대지권 건물의 표시: 서울 강남구 청담동 119-11동인 아파트 가동 2007년

㉠ 등기관이 구분건물의 대지권등기를 하는 경우에는 **직권(대장소관청의 촉탁×)**으로 대지권의 목적인 토지의 등기기록에 소유권, 지상권, 전세권, 또는 임차권이 대지권이라는 뜻을 기록하여야 한다.

㉡ 건물의 등기기록에 대지권의 등기를 한 경우, 그 권리의 목적인 토지의 등기기록 중 **해당 구(표제부×)에 대지권이라는 뜻을 등기하여야 한다.**

25 다음 구분건물등기에 관한 설명으로 옳은 것은?

① 등기관이 규약상 공용부분의 등기를 할 때에는 그 등기기록 중 전유건물의 해당 구에 공용부분이라는 뜻을 기록하고 각 구의 소유권과 그 밖의 권리에 관한 등기를 말소하는 표시를 하여야 한다. * 구조상 공용부분에 관하여는 그 표제부만 둔다(×)

② 구분건물로서 그 대지권의 변경이 있는 경우에는 구분건물의 소유권의 등기명의인은 1동의 건물에 속하는 다른 구분건물의 소유권의 등기명의인을 대위하여 대지권의 변경 등기를 신청할 수 있다.

③ 등기관이 대지권등기를 하였을 때에는 건축물대장소관청의 촉탁으로 대지권의 목적인 토지의 등기기록에 소유권, 지상권, 전세권 또는 임차권이 대지권이라는 뜻을 기록하여야 한다. * 토지의 등기기록에 **표제부**에 대지권이라는 뜻을 기록하여야 한다 ×

④ 공용부분이라는 뜻을 정한 규약을 폐지함에 따라 공용부분의 취득자가 지체없이 소유권이전등기를 신청하는 경우에는 규약의 폐지를 증명하는 정보를 첨부정보로서 등기소에 제공하여야 한다.

⑤ 공용부분이라는 뜻의 등기를 말소는 공용부분의 취득자의 신청으로 한다.

26 다음 중 구분건물등기에 관한 설명으로 옳은 것은?

① 구분건물로 될 수 있는 객관적 요건을 갖춘 경우(구조상 독립성 및 이용상독립성)에 건물소유자는 구분건물로만 등기를 하여야 한다.

② 대지권을 등기한 후에 한 건물의 권리에 관한 등기는 대지권에 대하여 동일한 등기로서 효력이 있다.

③ 구분건물 등기기록의 경우 1동의 건물에는 표제부만 두고, 전유부분에는 갑구, 을구만 둔다.

④ 구분건물에 대지권이 있는 경우 등기관은 1동건물 표제부에는 대지권의 표시를 기록하고, 전유부분의 등기기록의 표제부에는 대지권의 목적인 토지의 표시를 기록한다.

⑤ 대지권에 대한 등기로서의 효력이 있는 등기와 대지권의 목적인 토지의 등기기록 중 해당 구에 한 등기의 순서는 순위번호에 따른다.

4. 대지권등기 후의 소유권 이전등기 등의 금지

[암기] 용익권(전세, 지상)은 가능, 나머지 권리(저당권, 소 + 이전 등)는 불가능
    단, 용익권이 대지권인 경우는 반대

	구분	금지되는 등기	허용되는 등기
건물 등기 기록		① 건물만에 ⑳유권이전등기, 가등기, 가압류, ㉜당권설정등기 [암기] 건물만에 대한 ⑳㉜×	① 건물만 ㉠세권, [암기] 건물만에 대한 ㉠ ○
토지 등기 부	⑳유권이 대지권인 경우	① 토지만 목적 ⑳유권이전등기(담보)가등기, 압류, 가압류 ② 토지만을 목적으로 하는 ㉜당권설정등기	① 토지만에 대한 ㉣상권, 지역권, ㉠세권, 임차권설정등기
	㉣상권, 전세권, 임차권이 대지권	① 토지만 목적 ㉣상권, 전세권, 임차권 이전등기	① 토지만 목적 ⑳유권이전, 저당권설정

㉠ 대지권을 등기한 건물의 등기부에는 그 건물만에 관한 소유권이전의 등기, 저당권설정등기를 할 수 (없다).

㉡ 대지권을 등기한 건물의 등기부에는 그 건물만에 관한 전세권설정등기는 할 수 (있다).

㉢ 토지의 소유권이 대지권인 경우 그 뜻의 등기를 한 때에는 그 토지의 등기부에 소유권이전의 등기, 저당권설정등기를 할 수 (없다).

㉣ 토지의 소유권이 대지권인 경우 그 뜻의 등기를 한 때에는 그 토지의 등기부에 지상권설정등기를 할 수 (있다).

ⓤ 토지의 지상권이 대지권인 경우에는 그 뜻의 등기를 한 토지등기부에 지상권이전등기를 할 수 (없다).

ⓥ 토지의 지상권이 대지권인 경우에는 그 뜻의 등기를 한 토지등기부에 소유권이전등기(= 저당권 설정등기)를 할 수 (있다).

핵심테마 8 변경등기의 절차 : 일부 + 후발적

1.부동산표시 변경등기	① 단독, 신청의무(1월) : 과태료×	직권 : 행정 구역변경시	합필○ : 신, 임, 창, 용, 승 × : 저, 가등.가압, 가처분	이해관계인× ○ : 대장정보	표제부	주등기

⑴ 토지합필(건물의 합병)의 허용과 제한

⑵ 건물의 소유권의 등기명의인은 건축물대장상 건물의 합병등록이 있은 날로부터 (1)개월 이내에 건물합병등기를 신청하여야 한다. 다만 위반시에도 과태료는 부과되지 않는다.

⑶ 부동산 표시란 변경등기시 대장등본은 제공하지만, 이해관계인의 승낙서는 제공하지 않는다.

⑷ 부동산 표시변경(경정)등기는 주등기로 한다.

2. 등기명의인 표시변경등기 (한빛은행에서 우리은행 : 상호변경등기)

의의 : 등기명의인의 개명, 주소의 변경시, 회사 상호의 변경

① 단독신청, 신청의무×	② 직권 : ㉠소유권이전등기시 ㉡행정구역명칭변경	③ 이해관계인× × : 등기필정보, 인감	④ 주소변경생략 : ㉠중간주소변경, ㉡가 + 말소, 저 + 말소 ㉢멸실등기	⑤ 항상 부기

(1) 직권에 의한 등기명의인 표시변경등기		×
(소유권)이전등기		소유권이전 가등기
직권		동시신청, 각하

(2)등기표시변경 등기의 생략	1) 주소가 순차로 변경된 경우 **중간의 주소변경등기** 생략할 수 있다. 2) 소유권이외의 권리의 말소등기를 신청하는 경우(**가등기말소, 저당권말소 등**) 또는 **멸실등기를** 신청하는 경우 표시변경사항을 증명하는 서면을 제공하면 등기명의인 표시변경등기를 생략할 수 있다.

㉠ (소유권이전)등기를 신청을 한 경우 등기관은 그 첨부된 정보에 의하여 (직권)으로 등기명의인의 표시변경등기(주소변경등기)를 할 수 있다.

㉡ 등기명의인의 개명이나 주소이전에 따른 등기명의인표시의 변경등기는 (단독)신청이고, 언제나 (부기)등기로 한다.

3. 권리변경등기(전세금 2억에서 2억 8천 증액 변경등기)

공동신청 (권: 전세권자 의: 전세권설정자)	○ : 이해관계인승낙서	㉠승낙○ : (부기), 변경전 사항(말소함), ㉡승낙× : (주), 변경전 사항(말소안함)

1)의의	전세금의 증감변경변경등기, 저당권 채권액의 증감 변경등기 등이 있을 때
2)등기의 실행	① 부기등기 : ㉠이해관계인이 없는 경우나 ㉡이해관계인이 있는 경우 승낙서나 이에 대항할 수 있는 재판등본을 제공한 경우-**변경 전 사항 (말소한다.)** 알기 권변호사가 승낙 하면 부기로, 말소 한다. ② 주등기 : 이해관계인의 승낙서를 제공하지 못한 경우-변경 전 사항 **(말소 안 한다○)**

⬡ 권리변경등기(이해관계인의 승낙이 있는 경우)

【을구】 (소유권 이외의 권리에 관한 사항)				
순위	등기목적	접 수	등기원인	권리자 및 기타 사항
1	전세권설정	2004년 1월 3일 제2346호	2004년 1월 2일 설정계약	전세금 200,000,000 전세권자 이 용진 610415-1238
1-1	1번 전세권 변경	2004년 10월 5일 제39291호	2004년 10월 1일 변경계약	전세금 280,000,000

⬡ 권리변경등기(이해관계인의 승낙이 없는 경우)

순위	등기목적	접 수	등기원인	권리자 및 기타 사항
1	전세권 설정	2004년 1월 3일 제2346호	2004년 1월 2일 설정계약	전세금 200,000,000 전세권자 이 용진 610415-1238595 서울 영등포구 신
2	저당권설정(이해관계인)	생략		3억
3	1번전세권 변경	2004년 10월 5일	2004년 10월 1일	전세금 280,000,000

01 변경등기에 관한 설명으로 옳지 않은 것은?

① 부동산 표시변경이나 경정등기나 등기명의인 표시변경등기는 등기의무자가 존재하지 아니하며, 이해관계인 있는 제3자의 승낙서 등을 첨부정보로 제공하지 않아도 된다.

② 등기명의인 표시변경등기는 등기명의인이 단독으로 신청하며, 항상 부기등기에 의하여 실행하고 변경전의 사항은 말소한다.

③ 소유권이전등기를 신청하는 경우 첨부정보에 의하여 등기의무자의 주소변경사실이 명백한 경우 등기명의인표시 변경등기도 동시에 신청하여야 한다.

  *소유권이전청구권보전가등기를 신청하는 경우 전 소유자의 주소변경등기는 직권으로 하여야 한다 ×

④ 건물의 분필, 합필등기, 면적증감이 있는 경우 등기명의인이 1개월 이내에 등기를 신청하여야 하고 이를 위반해도 과태료는 없다.

⑤ 건물의 구조가 변경된 경우에는 변경등기를 신청하기 전에 먼저 건축물대장의 기재사항을 변경하여야 하며 주등기 형식으로 행해진다.

02 변경등기에 관한 설명으로 옳은 것은?

① 권리변경등기에서 이해관계인의 승낙서를 첨부하지 못하면 등기관은 등기신청을 각하 하여야 한다.

② 권리의 변경등기를 주등기로 하는 경우에는 변경 전 사항을 말소한다.

③ 등기명의인의 주소가 수차례 변경된 경우에는 중간 주소변경등기를 생략하고 바로 최종 주소지로 변경등기를 신청 할 수 있다.

④ 권리변경등기를 부기등기로 한 경우 변경 전의 사항은 말소 안 한다.

⑤ 소유권의 등기명의인 표시변경등기는 주등기로 하고, 저당권의 등기명의인 표시변경등기는 부기등기로 한다.

03 변경등기에 관한 설명으로 옳지 않은 것은?

① 행정구역 또는 그 명칭이 변경되었을 때에는 등기기록에 기록된 행정구역 또는 그 명칭에 대하여 변경등기가 있는 것으로 본다.

② 토지의 면적에 증감이 있거나 지목의 변경이 있는 경우 토지소유자는 1월 이내에 그 변경등기를 신청하여야 한다.

③ 소유권이전등기를 할 때 등기의무자의 주소가 일치하지 않으면 주소변경사실이 주소증명서면에 의해 명백하더라도 각하하여야 한다.

④ 저당권등기의 말소등기를 하는 경우에는 저당권자의 주소가 일치하지 않더라도 말소등기를 할 수 있다.

⑤ 부동산이 전부 멸실되어 멸실등기를 하는 경우 소유명의인의 주소가 일치하지 않더라도 변경등기를 생략하고 멸실등기를 할 수 있다.

핵심테마 9　경정등기의 절차

⑳ 경정등기	일부 + 원시적	㉠ 동일성: 갑→을(×), 갑을→병정×, 전세권→임차권×, 비법인→법인×, 종전소유자나 사망한 자× (단, 甲단독소유를 甲乙공유로 경정등기는 가능) ㉡ 권리자 + 의무자 다수→1인에만 통지
직권경정등기	등기관의 착오 (신청가능)	㉠ 이해관계인 승낙서 ○　㉡ 지법허가×(사후보고) ㉢ 권리자 또는 의무자에 사후통지→1인에만 통지

㉠ 권리자는 甲임에도 불구하고 당사자 신청의 착오로 乙명의로 등기된 경우, 그 불일치는 경정등기로 시정할 수 (없다).

㉡ 전세권설정등기를 하기로 합의하였으나 당사자 신청의 착오로 임차권으로 등기된 경우, 그 불일치는 경정등기로 시정할 수 (없다).

㉢ 법인 아닌 사단이 법인화된 경우에는 등기명의인을 법인으로 경정하는 등기를 신청할 수 (없다).

㉣ 권리자 또는 등기의무자가 2인 이상일 경우, 직권으로 경정등기를 마친 등기관은 그 중 (1인)에게 그 사실을 통지하면 된다.

㉤ 직권경정등기시 등기상 이해관계 있는 제3자가 있는 경우에는 제3자의 승낙서를 제공하여야 한다.

04　경정등기에 관한 설명 중 옳지 않은 것은?

① 등기관이 등기를 마친 후 그 등기에 착오나 빠진 부분을 있음을 발견하였을 때에는 지체 없이 그 사실을 등기권리자와 등기의무자에게 알려야 하는데, 2인 이상인 경우에는 1인에게 통지하면 된다.

　　＊등기관이 직권경정등기를 하였을 때에는 그 사실을 등기권리자나 등기의무자 중 일방에게 알려야 한다×

② 전세권설정등기를 하기로 합의 하였으나 당사자의 신청착오로 임차권으로 등기된 경우 그 불일치는 경정등기로 시정할 수 없다.

③ 권리자가 甲 인데도 불구하고 당사자의 신청착오로 乙 명의로 등기된 경우, 그 불일치를 경정등기로 시정할 수 없다.

④ 직권경정등기를 할 때 등기상 이해관계 있는 제3자가 있는 경우에는 제3자의 승낙을 받아 부기등기로 할 수 있으며, 승낙을 받지 못한 경우에는 주등기로 하여야 한다.

⑤ 법인 아닌 사단을 법인으로 경정하는 등기를 신청하는 등 동일성을 해하는 등기명의인표시경정등기 신청은 수리할 수 없다.

⑥ 등기사항의 일부가 부적법하게 된 경우에는 일부말소 의미의 경정등기를 할 수 있다.

　　＊甲과 乙의 공유인 미등기건물을 甲단독명의로 소유권보존등기를 마친 경우, 甲과 乙의 공유가 되도록 경정등기를 신청할 수 있다(○)

⑦ 폐쇄등기부에 기록된 사항도 변경등기나 경정등기를 할 수 없다.

핵심테마 10 말소등기 : 전부 + 소멸

① 공동(원칙)
② 단독 :
  ㉠ 혼동,
  ㉡ 사망,
  ㉢ 소재불명
    (제권판결)
  ㉣ 가등기명의인
  ㉤ 가처분 후
    소유권이전의
    등기 등
	③ 직권말소 :
	  ㉠ 29조(1호)(2호)만
	    (3호: 무권대리인, 위조서류×)
	  ㉡ 말소등기시 이해관계인등기
	  ㉢ 가등기에 기한 본등기시 중간
	    처분등기 등
	  ㉣ 수용에 의한 이전등기시 소유
	    권 이외의 권리의 말소등기
	  ㉤ 환매권행사시 환매등기의 말
	    소등기
		④ ○ : 이해관계인의 승낙서(손해) :
		  ① 1전세말소시 + 전세목적저당권자
		  ② 동구의 선후관계는 이해관계인×
		    (㉠1전세 + 2저당, ㉡ 2소유 + 3소유),
			⑤
			주
			등
			기

**1.
신청
절차**

(1) 단독신청 【암기】 ⓦ ⓢ 가 불명

① ⓦ동에 의하여 소멸하는 경우는 권리자는 (단독)으로 말소등기를 신청할 수 있다.
  (예 : 전세권자가 소유권을 취득시의 전세권말소등기)

② 등기명의인인 **사람의** ⓢ**망 또는 법인의 해산**으로 권리가 소멸한다는 약정이 등기되어 있는 경우에 등기권리자는 그 사실을 증명하여 (단독)으로 해당 등기의 말소를 신청할 수 있다.

③ 등기권리자가 등기의무자의 소재불명으로 인하여 공동으로 등기의 말소를 신청할 수 없을 때에는 공시최고 후 제권판결(除權判決)을 받아 등기권리자가 (단독)으로 등기의 말소를 신청할 수 있다.
  (※ 종래에는 소재불명시 전세계약서와 전세금반환증서가 있었으면 단독말소가 가능했는데 개정법에는 삭제되었다.)

4) 가등기의 말소등기 : 공동신청함이 원칙이나

  ① **가등기명의인이** 인감 첨부하여 **단독으로** 말소등기를 신청할 수 (있다).

  ② **가등기의무자 또는 등기상 이해관계인은** 가등기명의인의 승낙서를 제공하여 **단독으로** 가등기를 말소등기를 신청할 수 (있다).

5) 가처분에 의하여 실효된 등기의 말소 : 가처분등기 ⓗ**에 이루어진 소유권이전**등기 등은 가처분권자가 본안소송에 승소판결을 받아 소유권이전등기를 신청하면서 (단독 ○, 직권×)**신청**으로 말소 신청을 할 수 있다.

2. 말소등기시 이해관계인의 승낙서 첨부

이해관계인○ (등기부 형식상 손해보는 자) = 말소할 권리를 목적으로 하는 등기	이해관계인× = 동구의 선, 후 관계사이
① 전세권(지상권)의 말소등기시에 그 전세권을 목적으로 하는 저당권자 ② 소유권보존등기 말소시에 그 부동산을 목적으로 하는 저당권자 등	① 1번 저당권 말소시 2번 저당권자 ② 2번 저당권 말소시 1번 저당권자 ③ 2순위 소유권말소시의 3순위 소유권자

3. 직권말소등기

① (관할) 위반(제29조 1호), 사건이 등기할 경우가 (아닌) 경우(제29조 2호) : 관할 + 아닌 직

공동상속인 甲과 乙 중 乙의 상속지분만에 대한 상속등기 또는 농지 전세권등기는 직권으로 말소한다.

①-1 단, 위조된 甲의 인감증명(무권대리인의 신청, 신청정보~)에 의한 甲으로부터 乙로의 소유권이전등기는 직권으로 말소할 수 (없다). 【알기】 무대, 위조, 신청정보~

② 말소등기시 이해관계인 등기의 말소등기 등 【알기】 말 + 이 + 직

전세권을 목적으로 한 저당권설정등기시 전세권말소등기 신청시 **저당권등기는** (직권)으로 말소한다.

③ 가등기에 기한 본등기시 중간처분등기의 말소등기

④ 수용에 의한 소유권이전등기시 소유권 이외의 권리의 말소등기 【알기】 수용 + 직

수용에 의한 소유권이전등기시 수용 전, 후를 불문하고 소유권 이외의 권리(저당권, 처분제한등기 등)는 (직권)으로 말소한다(단, 상,역는 제외됨).

⑤ 환매권행사에 의한 권리취득등기시 환매특약의 말소등기 등 【알기】 환매 + 행사 + 직

⑥ 처분금지가처분 후 소유권이전등기시 해당 가처분등기 【알기】 해당 가처분 + 직

05 다음은 말소등기에 대한 설명이다. 옳지 않은 것은?

① 등기명의인인 사람의 사망 또는 법인의 해산으로 권리가 소멸한다는 약정이 등기되어 있는 경우에 사람의 사망 또는 법인의 해산으로 그 권리가 소멸하였을 때에는, 등기권리자는 그 사실을 증명하여 단독으로 해당 등기의 말소를 신청할 수 있다.

② 등기권리자가 등기의무자의 소재불명시 「민사소송법」에 따라 공시최고(公示催告)를 신청할 수 있고, 제권판결(除權判決)이 있으면 등기권리자가 그 사실을 증명하여 단독으로 등기의 말소를 신청할 수 있다.

 * 말소할 권리가 전세권 또는 저당권인 경우에 소재불명시 전세금반환증서 또는 영수증에 의하여 단독으로 말소등기를 신청할 수 있다✕

③ 말소등기신청의 경우에 '등기상 이해관계 있는 제3자'란 등기의 말소로 인하여 손해를 입을 우려가 있다는 것이 등기기록에 의하여 형식적으로 인정되는 자를 말한다.

④ 등기관이 등기를 마친 후 그 등기가 제29조 제1호 또는 제2호에 해당된 것임을 발견하였을 때에는 등기권리자, 등기의무자와 등기상 이해관계 있는 제3자에게 1개월 이내의 기간을 정하여 그 기간에 이의를 진술하지 아니하면 등기를 말소한다는 뜻을 통지하여야 한다.

⑤ 말소등기 신청시 등기의 말소에 대하여 등기상 이해관계 있는 제3자의 승낙이 있는 경우, 그 제3자 명의의 등기는 등기권리자의 단독신청으로 말소된다.

⑥ 피담보채무의 소멸을 이유로 근저당권설정등기가 말소되는 경우, 채무자를 추가한 근저당권 변경의 부기등기는 직권으로 말소된다.

06 다음 중 말소등기를 신청함에 있어서 등기상 이해관계 있는 제3자에 해당되지 않는 자는?

① 순위 1번 저당권설정등기를 말소하는 경우 순위 2번으로 설정된 전세권자

② 전세권설정등기를 말소하는 경우 그 권리를 목적으로 등기한 저당권자

③ 소유권보존등기를 말소하는 경우 그 권리를 목적으로 등기한 저당권자

④ 지상권설정등기를 말소하는 경우 그 권리를 목적으로 등기한 저당권자

⑤ 공유자 甲의 지분에 대한 소유권이전등기를 말소하는 경우 공유자 전원의 지분전부를 목적으로 등기한 가압류채권자

07 말소등기에 관한 설명으로 옳지 않은 것은?

① 甲 → 乙 → 丙으로 순차 소유권이전등기가 된 경우 丙의 승낙서를 첨부하여 乙 명의의 소유권이전등기를 말소 하여야 한다.

② 지상권의 존속기간이 만료된 경우, 토지소유자는 그 지상권자와 공동으로 말소등기를 신청할 수 있다.

③ 가등기의무자 또는 등기상의 이해관계인은 신청정보에 가등기명의인의 승낙서 또는 이에 대항할 수 있는 재판의 등본을 첨부한 때에는 가등기의 말소를 신청할 수 있다.

④ 환매권 행사에 의한 권리취득의 등기를 하였을 때에는 환매특약등기는 직권으로 말소한다.

⑤ 가처분등기 이후에 된 등기로서 가처분채권자의 권리를 침해하는 제3자의 등기의 말소는 가처분채권자의 단독신청으로 말소한다.

⑥ 수용으로 인한 소유권이전등기를 하는 경우, 등기권리자는 그 목적물에 설정되어 있는 근저당권설정등기의 말소등기를 단독으로 신청하여야 한다.

⑦ 말소등기는 언제나 주등기로 한다.

08 말소등기에 관한 설명으로 옳은 것은?

① 수인의 공유인 건물에 대하여 공유자 중 1인 소유의 공유지분만에 대하여 경료된 소유권보존등기는 직권으로 말소할 수 없다.

② 농지를 목적으로 하는 전세권설정등기가 실행된 경우 당사자의 신청이 있어야 말소할 수 있다.

③ 말소등기의 종류에는 제한이 없으므로 말소등기의 말소등기도 허용된다.

④ 권한 없는 자의 신청(무권대리인)에 의해서 행해진 등기도 등기관이 직권으로 말소한다.

⑤ 전세권자가 소유권을 이전받은 경우 전세권말소등기는 단독신청으로 말소한다.

09 등기관이 직권으로 말소할 수 있는 사유에 해당하는 것은?

① 대리인의 위임장정보의 제공이 없음을 발견한 때(무권대리인신청)

② 허위 또는 무효인 서류를 근거로 등기명의인표시변경등기가 이루어진 경우

③ 신청시 첨부정보를 제공하지 않는 경우

④ 취득세, 또는 수수료가 납부되지 않은 경우

⑤ 법령에 근거가 없는 특약이 실행된 경우(지상권양도금지특약)

10 직권으로 말소할 수 없는 등기는?
① 가압류채권자 乙의 등기신청에 의해 甲소유 토지에 마쳐진 가압류등기
② 공유물분할금지기간을 8년으로 정한 공유물분할금지약정의 등기
③ 토지의 일부에 대한 소유권보존등기
④ 여러 명의 가등기권리자 중 1인의 전원명의로 본등기가 된 경우
⑤ 무권대리인의 신청에 의하여 이루어진 소유권이전등기

핵심테마 11 멸실등기

㉒ 멸실등기	㉠ 단독(신청의무 : 1월 : 과태료×), ㉡ 대위 : 대지소유자	존재않는건물 + 지체없이	○ : 대장정보 × : 이해관계인 승낙서	표제부 : 등기부폐쇄함

---

11 멸실등기에 관한 설명이다. 옳지 않은 것은?
① 건물이 멸실된 경우에는 그 건물 소유권의 등기명의인은 그 사실이 있는 때부터 1개월 이내에 그 등기를 신청하여야 하고 이를 게을리하면 과태료는 없다.
② 그 소유권의 등기명의인이 1개월 이내에 멸실등기를 신청하지 아니하면 그 건물대지의 소유자가 건물 소유권의 등기명의인을 대위하여 멸실 등기를 신청할 수 있다.
③ 건물의 멸실등기를 신청하는 경우에는 신청정보에 그 멸실 또는 부존재를 증명하는 건축물대장등본이나 이를 증명할 수 있는 정보를 제공하여야 한다.
④ 존재하지 아니하는 건물에 관해서도 그 소유권의 등기명의인은 1월 이내에 멸실등기를 신청하여야 하며, 이를 게을리 하면 과태료가 부과된다.
⑤ 멸실되는 부동산에 저당권 등 이해관계인이 있는 경우에 멸실을 증명하는 정보가 건축물대장이 아닌 경우에 이해관계인의 승낙서를 첨부정보로 제공하지 않는다.

핵심테마 12 말소회복등기 : 등기사항의 전부 or 일부 + 부적법 말소시

① 공동or단독, 촉탁or직권	② 자발적✕	③ : 이해관계인의승낙서(손해 + 양가) ○ : ㉠저당 + 저당, ㉡저당 + 전세 ✕ : ㉠전 + 전, ㉡지상 + 지상, ㉢소 + 소	④ 종전 순위	⑤ 전부: 주등기 ⑥ 일부: 부기

⊙ **말소회복등기의 이해관계인 정리(손해보고 + ㉑립이 ㉐능한 등기)**

① 손해의 판단시점 − 회복등기시(말소등기시✕)
② 또한 회복등기와 ㉑립이 ㉐능한 자만이 이해관계인에 해당된다.
  ㉠ 이해관계인에 해당하는 경우
    ⓐ 순위1번 저당권회복에 있어서 1번 저당권 말소 후에 등기한 순위 2번의 저당권자
    ⓑ 순위1번 저당권회복에 있어서 1번 저당권 말소전 등기한 순위 2번의 전세권자
  ㉡ 이해관계인에 해당하지 않는 경우
    ⓐ 2번 소유권 회복시 3번으로 경료된 소유권의 등기명의인
    ⓑ 1번 전세권 회복시, 2번으로 경료된 전세권자

㉠ 등기관의 직권 또는 법원의 촉탁에 의하여 말소된 경우에는 그 회복등기도 등기관의 직권 또는 법원의 촉탁에 의하여 행하여야 한다.
㉡ 법률상 원인 없이 당사자가 자발적으로 등기를 말소한 경우에는 말소회복등기를 신청할 수 (없다).
㉢ 손해를 입을 우려가 있는지의 여부는 제3자의 권리 취득등기시(말소등기시)를 기준으로 할 것이 아니라 회복등기시를 기준으로 판별하여야 한다.
㉣ 전부말소회복등기는 (주)등기로, 일부말소회복등기는 (부기)등기로 실행한다.

암기 전부, 일부

12 다음 중 말소회복등기에 관한 설명으로 틀린 것은? (이론시 판례에 의함)
① 전부말소회복등기는 주등기 형식으로 하고, 전세권등기의 전세금이 불법하게 감액된 경우 등 일부의 말소회복등기는 부기등기로 한다.
② 등기관이 직권으로 말소한 등기가 부적법한 경우에는 회복등기의 소를 제기하여 그 판결에 따라 회복등기를 하여야 한다.
③ 당사자가 자발적으로 신청하여 말소한 등기의 회복은 허용하지 아니한다.
④ 말소회복등기와 양립이 가능한 자만이 회복등기절차에 있어서의 이해관계인에 해당된다.
⑤ 말소회복등기에 있어서 이해관계인의 판단기준으로서 손해를 입을 우려가 있는지의 여부는 제3자의 권리취득등기시(말소등기시)를 기준으로 할 것이 아니라 회복등기시를 기준으로 판별하여야 한다.
⑥ 불법하게 말소된 저당권설정등기의 회복등기청구는 현재의 소유자가 아닌 말소당시의 소유자를 상대로 하여야 한다.

13 다음 중 말소회복등기에 대한 등기상 이해관계 있는 제3자는?

① 전세권등기를 회복함에 있어서 그 전세권을 목적으로 하였던 저당권자
② 후순위 전세권등기를 회복함에 있어서 선순위의 저당권자
③ 2번 소유권이전등기를 회복시 순위 3번으로 이전등기를 경료한 소유권의 등기명의인
④ 순위 1번 지상권등기를 회복함에 있어서 순위 2번으로 등기한 지상권자
⑤ 순위 1번의 전세권등기를 회복함에 있어서 그 전세권의 말소등기 전에 설정등기를 한 순위 2번의 저당권자

【핵심테마 13】 **주등기와 부기등기**

[알기] 말, 표, 주, 甲(소유자) ⇒ 乙은 주등기, 부기, 명의로, 약, 소 + 외(乙⇒丙)

	주등기(甲⇒乙) (표제부, 소유권 목적의 등기)	부기 등기(乙⇒丙) (ㅅ유권 이외의 권리, ~약정등기)
1.발생	① 소유권보존등기 ② **소유권목적** 각종설정등기 (**전세권설정, 저당권설정**등기 등)	① 소유권 외의 권리를 목적으로 하는 권리에 관한 등기 (**전세권목적 저당권설정**등기) ② (저당권부) 권리질권등기
2.이전	③ 소유권 이전등기	③ 소유권 이외의 권리의 이전등기 (전세권이전, 전전세설정, 저당권이전등기등)
3.처분제한 (가압류, 가처분)	④ 소유권에 대한 처분제한등기 (가압류, 가처분)	④ 소유권 이외의 **권리**에 대한 처분제한등기 (전세권에 대한 가압류등기)
4.변경, (경정) 등기	⑤ 부동산**표시변경(경정)**등기(지목변경등기 등), 멸실등기 ⑥ 권리변경(경정)등기시 이해관계인 **승낙서**(없으면)	⑤ 등기**명**의인 표시변경등기 (주소변경등기 등) ⑥ 권리변경등기시 이해관계인 **승낙서** (있으면) [알기] 권변호사가 (승낙)하면 (부기)로, (말소) 한다.
5.말소	○	
6.말소회복	⑦ 전부 말소회복등기	⑦ (일부)말소회복등기 [알기] :전부, 일부
7.기타	⑧ 신탁등기 ⑨ 대지권등기 ⑩ 대지권이 있다는 뜻의 등기	⑧ 환매특(약)등기 ⑨ 권리소멸의 (약)정등기 ⑩ 공유물 분할금지의 (약)정등기 ⑪ 가등기의 이전등기

9. 가등기는 본등기 형식에 따라 주등기 or 부기등기로 한다.
　① 본등기를 주등기로 하여야 하는 등기(소유권이전가등기, 전세권설정가등기) : 주등기
　② 본등기를 부기등기로 하여야 하는 등기(전세권**이전**가등기) : 부기등기
10. 저당부동산의 저당권실행에 의한 경매개시등기(＝소유권에 대한 경매이므로)는 주등기로 한다.

㉠ 전세권설정등기는 (주)등기고, 전세권목적 저당권설정등기는 (부기)등기로 한다.
㉡ 부동산 표시변경(경정)등기는 (주) 등기고, 등기명의인표시변경(경정)등기는 (부기)등기다.
㉢ 말소등기는 (주)등기고, 권리소멸의 약정등기는 (부기)등기로 한다.

14 다음 중 부기등기에 의하여 실행되는 경우는 몇 개인가?

> ㉠ 부동산표시의 변경이나 경정의 등기(지목변경, 면적변경등기, 토지분필등기 등)
> ㉡ 소유권 외의 권리의 이전등기(전세권이전등기 등)
> ㉢ 소유권 외의 권리를 목적으로 하는 권리에 관한등기(전세권목적의 저당권설정등기, 권리질권등기)
> ㉣ 권리의 변경이나 경정의 등기(이해관계 있는 제3자의 승낙이 없는 경우)
> ㉤ 전세권설정등기
> ㉥ 대지권이 있다는 뜻의 등기
> ㉦ 소유권에 대한 처분제한등기(가압류, 가처분)
> ㉧ 소유권에 관한 등기명의인표시변경, 경정등기(주소변경, 개명, 회사상호변경등기 등)
> ㉨ 멸실등기

① 2개 ② 3개 ③ 4개 ④ 5개 ⑤ 6개

15 다음은 부기등기 대한 설명이다. 옳지 않은 것은?

① 지상권설정등기는 주등기로 하고, 지상권이전등기는 부기등기로 한다.
② 전세권설정등기는 주등기로 하지만, 전세권목적의 저당권설정등기는 부기등기로 한다.
③ 저당권(전세권)실행에 의한 경매기입등기는 부기등기로 한다.
④ 환매특약등기, 권리소멸약정등기, 공유물분할특약등기는 부기등기로 한다.
⑤ 대지권의 등기, 대지권이 있다는 뜻의 등기, 토지등기부에 별도등기 있다는 등기는 주등기로 한다.
⑥ 등기관이 부기등기를 할 때에는 그 부기등기가 어느 등기에 기초한 것인지를 알 수 있도록 주등기 또는 부기등기의 순위번호에 가지번호를 붙여서 한다.

핵심테마 14 **가등기:** 할아버지가 마담에게 시험에 합격하면 빌딩 105호를 소유권이전줄게

① 공동(원칙), ② 단독 : 가등기 권리자 : ㉠의무자 : 승낙서 ㉡가등기가처 분명령 (촉탁×)	③ 가 + 말소(단독) ㉠가등기명의인(인 감첨부) ㉡가등기의무자or 이해관계인도 가 등기명의인 승낙 서 첨부시	④ ×: 검인, 실거래가 액, 농취증 ⑤ ○: 토지 거래 허 가서	⑥㉠(본) + 금지가처분× ㉡(처)분제한의 가등기× ㉢(보)존등기의 가등기× ㉣(물)권적청구 ×	⑦ 갑 구 or 을 구	⑧ 주 (소 + 이) or ⑨ 부기 (전 + 이)

	허용되는 경우	허용되지 않는 경우 [암기] (본), (처), (보), (물) 가등기×
1. 가등기 요건	① 가등기 이전 ② 가등기에 가압류 ③ 가등기 이전(처분)금지 가처분 ④ 채권적 청구권 ⑤ 장래에 확정된 청구권 ⑥ 시기부, 정지조건부 청구권 ⑦ 유증은 사망시 ⑧ 사인증여는 가등기 가능	① 가등기에 기한 (본)등기금지가처분 ② (처)분제한(가압류)의 가등기 ③ 소유권(보)존의 가등기 ④ (물)권적 청구권을 위한 가등기 ⑤ 종기부, 해제조건부 청구권 ⑥ 표제부 ⑦ 유증은 생존시는 가등기 불가능

㉠ 가등기에 대한 가압류는 (가능)하지만, 처분제한등기(=가압류)에 대한 가등기는 (불가능)하다.

㉡ 가등기처분금지 가처분등기는 (가능)하지만, 가등기에 기한 본등기금지 가처분등기는 (불가능)하다.

㉢ 채권적청구권을 보전하기 위한 가등기는 (가능)하지만, 물권적 청구권을 보전하기 위한 가등기는 (불가능)하다.

2.
가등기
절차
	(1) 공동신청원칙 : 가등기권리자 + 가등기의무자
	(2) 단독신청
	  ① 가등기권리자는 가등기의무자의 승낙이 있거나
	  ② 가등기를 명하는 부동산 소재지 법원의 **가등기가처분**명령이 있을 때에는 (단독○,
	    법원의 촉탁 ×)으로 가등기를 신청가능
	   ㉠ 가등기를 명하는 법원의 가처분명령에 의하여 가등기를 하는 경우 등기의무자의
	    등기필정보를 등기소에 제공할 필요가 없다.
	   ㉡ 가등기를 명하는 가처분명령의 신청을 법원의 각하한 결정에 대하여는 즉시항고
	    를 할 수 있다.
	(3) 첨부서면

(가)등기시 : [암기] 대, 소, 상, (가)	(본)등기시 : [암기] 계나 소나
① 토지거래허가서	㉠계약서검인, ㉡실거래신고필증, ㉢농지취득자격증명

3. 가등기 실행	① **갑구, 을구**에 (갑구 → 소유권에 관한 가등기, 을구 → 전세권설정 가등기) ② 등기의 형식: **본등기형식**에 따라 **주등기 또는 부기등기**로 　㉠ 주등기: 소유권이전청구권가등기, 전세권설정가등기 　㉡ 부기등기: 전세권**이전**가등기
4. 가등기 말소	(1) **공동신청의 원칙** (2) 단독신청의 특칙 　① **가등기명의인**이 가등기의 말소를 단독으로 신청할 수 있다 (소유권에 관한 가등기 　　명의인이 가등기말소를 신청하는 경우에는 가등기명의인의 **인감증명서도 첨부**) 　② **가등기의무자 또는 등기상의 이해관계인**도 신청정보에 가등기명의인의 승낙서를 　　첨부한 경우에는 가등기의 말소를 단독으로 신청할 수 있다.

㉕가→ 본등기	① 의: 가등기 의무자(제3 취득자×)	② 중간처분등기 직권말소 ㉠소유권: 대부분 직권말소, 　단, 전, 해당 × ㉡용익권→용익권만 직권말소, ㉢저당권은 직권말소 ×	③ 자기지분만: ○ ④ 1인→전원명 　의로 ×	⑤ 순위: 가등기 ⑥ 효력: 본등기시

5. 본등기 절차	(1) 본등기신청인(공동) 　① 본등기권리자 = 가등기권리자 또는 가등기를 이전받은 자 　② **본등기의무자 = (가등기의무자○, 제3취득자×)** 　③ 가등기권리자 수인인 경우 **자기지분만에 본등기신청(가능○, 불가능×)** 　④ 단, 일부권리자가 공유물보존행위에 준해서 가등기 **전부에 대한 본등기는 불가능하다.** (2) ① **순위**: 본등기의 순위는 가등기의 순위에 따른다. 　② 물권변동**효력** - (**본등기**)시 발생함(가등기시×)

㉠ 가등기에 기한 본등기시 제3자가 소유권을 이전받은 경우 본등기의무자는 (**가등기의무자이다**).

㉡ 하나의 가등기에 관하여 여러 사람의 가등기권리자가 있는 경우에 그중 일부의 가등기권리자가 자기의 가등기 지분에 관하여 본등기를 신청할 수 (**있다**).

㉢ 가등기권리자가 여럿인 경우, 그중 1인이 공유물보존행위에 준하여 가등기 전부에 관한 본등기를 신청할 수 (**없다**).

6. 가등기후 본등기시 본등기를 침해하는(양립이 불가능한) 중간 처분등기의 직권말소

	직권말소 대상 ○	직권말소등기 대상 × : 암기 전, 해당은 직권말소×
소유권이전의 본등기를 한 경우	① 소유권이전등기 ② 저당권 등 제한물권설정 등기 ③ 가등기의무자의 사망으로 인한 상속등기	① 가등기(전)에 강제경매개시결정등기 ② 가등기(전)에 저당권에 의한 임의경매개시등기 ③ 해당 가등기상의 권리를 목적으로 한 가압류, 가처분등기 ④ 가등기권자에게 대항할 수 있는 주택임차권등기
용익권(지상,지역,전세,임차권)	① 동일범위의 용익권	① 소유권이전등기 ② 저당권설정등기
저당권가등기시	① 직권말소등기 없다	① 소유권, 전세권, 저당권에 관한 등기

㉠ 소유권이전청구권가등기에 기하여 본등기를 하는 경우 가등기 전 (=가등기권자에게 대항할 수 있는 임차권등기)에 완료된 저당권설정등기에 기하여 임의경매 신청등기는 직권말소되지 않는다.

㉡ 소유권이전청구권가등기에 기하여 본등기를 하는 경우 가등기 후 본등기 전에 완료된 해당 가등기의 처분제한등기(=가압류, 가처분)은 직권말소되지 않는다.

㉢ 용익권설정청구권가등기에 기한 용익권설정등기를 하는 경우 가등기 후에 완료된 동일범위의 용익권은 직권말소 된다.

㉣ 저당권설정청구권가등기에 기하여 본등기를 하는 경우 당해 가등기 후 본등기 전에 완료된 동일범위의 저당권설정등기는 직권말소 없다.

16 **가등기에 관한 설명 중 옳지 않은 것은?**

① 가등기에 기한 본등기는 가등기의 아래에 기록하되 가등기의 순위번호를 사용하여 본등기를 하여야 한다.

* 소유권보존청구권보전가등기는 갑구에 주등기형식으로 행하여진다×

② 가등기권리자는 가등기의무자의 승낙이 있거나 가등기를 명하는 부동산 소재지 법원의 가처분명령(假處分命令)이 있을 때에는 단독으로 가등기를 신청할 수 있다.

* 가등기를 명하는 가처분명령은 가등기권리자의 **주소지**를 관할하는 지방법원이 할 수 있다.×

③ 가등기의무자 또는 이해관계인은 가등기명의인의 승낙을 받아 단독으로 가등기의 말소를 신청할 수 있다.

④ 가등기 명의인은 단독으로 가등기의 말소를 신청할 수 있다.

⑤ 국토계획 및 이용에 관한 법률에 의한 토지거래허가구역내의 토지에 대한 소유권이전청구권보전 가등기를 신청시 토지거래허가정보를 제공하여야 한다.

* 농지취득자격증명서와 검인계약서는 가등기시에 제공하여야 한다 ×

⑥ 매매예약완결권의 행사로 소유권이전청구권이 장래에 확정되게 할 경우, 이 청구권을 미리 보전하기 위한 가등기를 할 수 없다.

17 가등기에 관한 설명 중 옳은 것은?

① 물권적청구권을 보전하기 위해 가등기를 할 수 있다.

    * 원인행위의 무효로 인한 소유권말소등기청구권을 보전하기 위한 가등기는 할 수 없다○

    * 진정명의회복을 원인으로 하는 소유권이전청구권의 가등기는 할 수 없다○

② 소유권이전등기의 가등기는 갑구에 주등기로 행하여지며, 전세권설정등기의 가등기도 을구에 부기등기로 행하여진다.

③ 수인의 가등기권리자 중 그 일부의 사람이 일부 지분만에 대하여 본등기를 신청할 수 없다.

④ 가등기권리자중 1인이 전원명의로 가등기에 의한 본등기를 할 수 있다.

⑤ 가등기를 마친 후에 가등기의무자가 사망한 경우, 가등기의무자의 상속인은 상속등기를 할 필요 없이 상속을 증명하는 서면 등을 첨부하여 가등기권자와 공동으로 본등기를 신청할 수 있다.

⑥ 사인증여로 인하여 발생한 소유권이전등기청구권을 보전하기 위한 가등기는 할 수 없다.

18 가등기에 관한 설명 중 옳은 것은?

① 가등기에 기한 본등기의 실체법상 효력은 가등기한 날로 소급하여 발생한다.

② 소유권이전청구권을 보전하기 위한 가등기가 경료된 이후에 소유권이 제3자에 이전된 경우 제3취득자와 함께 본등기를 신청할 수 있다.

③ 가등기권리의 처분금지가처분등기는 허용되나, 본등기금지가처분등기는 허용되지 않는다.

④ 가등기권리자는 중복된 소유권보존등기의 말소를 청구할 권리가 있다.

⑤ 소유권이전청구권을 목적으로 한 가등기에 대한 가압류를 할 수 없다.

⑥ 가등기에 의한 본등기가 되었을 때 본등기와 양립할 수 없는 중간처분의 등기를 직권말소하려는 등기관은 미리 말소되는 권리의 등기명의인에게 통지하여야 한다.

19 다음 중 가등기에 기한 본등기를 함에 있어서 직권말소하는 등기는?

① 소유권이전청구권가등기에 기하여 본등기를 하는 경우 가등기 전에 완료된 저당
권설정등기에 기하여 임의경매 신청등기

    * 소유권이전가등기 후 본등기시 가등기권자에게 대항할 수 있는 주택임차권등기는 직권
으로 말소할 수 없다 ○

② 소유권이전청구권가등기에 기하여 본등기를 하는 경우 가등기 후 본등기 전에 완
료된 해당 가등기의 처분제한등기

③ 저당권설정청구권가등기에 기하여 본등기를 하는 경우 당해 가등기 후 본등기 전
에 완료된 동일범위의 저당권설정등기

④ 임차권설정청구권가등기에 기하여 본등기를 하는 경우 가등기 후 본등기 전에 완
료된 저당권설정등기

⑤ 지상권설정청구권가등기에 기한 지상권설정등기를 하는 경우 가등기 후에 완료된
동일범위의 전세권설정등기

20 가등기에 관한 설명 중 틀린 것은?

① 소유권이전등기청구권이 시기부나 정지조건부일 경우, 그 청구권 보전을 위한 가
등기를 신청할 수 있다.

② 가등기를 명하는 법원의 가처분명령에 의하여 가등기를 하는 경우 등기의무자의
등기필정보를 등기소에 제공할 필요가 없다.

③ 가등기에 의하여 순위 보전의 대상이 되어 있는 물권변동청구권이 양도된 경우,
그 가등기상의 권리에 대한 이전등기를 할 수 있다.

④ 소유권이전청구권의 가등기를 한 후 그 소유권이전청구권을 양도한 경우 이전등
기는 주등기로 한다.

⑤ 가등기에 기한 본등기 시 양립할 수 있는 중간처분등기는 후 순위로 존속한다.

핵심테마 15 **처분제한 등기(＝가압류, 가처분등기)**

1.가압류 등기	관공서 촉탁 (채권자신청×)	(금전)	○ : 우편가능, 공동신청가능 ×: 등기필정보, 인감	㉠ 공유지분: ○, 합유지분×, 부동산일부× ㉡ 갑구: 소유권의 가압류, 을구: 전세권의 가압류 ㉢ 주: 소유권의 가압류, 부기: 소유권 이외 권리의 가압류
2.가처분 등기	관공서 촉탁 (채권자신청×)	물건 등 (피보전 권리)		① 가처분 후 가처분을 침해하는 소유권이 전등기등: 가처분권자의(단독)신청말소 ② 용익권 가처분 후: 용익권만 단독말소 ③ 저당권 가처분 후: 단독말소 없다 ④ 해당가처분등기: (직권)말소

1	소 ＋ 보존 甲
2	소 ＋ 처분금지가처분: 직권말소 乙 (2月)
3	소 ┼ 이전 제3자(5月): 단독신청말소
4	소유권이전乙 (6月)

㉠ 관공서가 등기를 촉탁하는 경우에는 등기기록과 대장상의 부동산의 표시가 부합하지 아니하더라도 그 등기촉탁은 수리한다.

㉡ 처분금지가처분등기가 된 후, 가처분채무자를 등기의무자로 하여 소유권이전등기를 신청하는 가처분채권자는 그 가처분등기 후에 마쳐진 등기를 단독 신청으로 말소할 수 있다.

㉢ 가처분채권자의 말소신청에 따라 가처분등기 후의 등기를 말소하는 등기관은 해당 가처분등기도 직권 말소하여야 한다.

21 관공서의 촉탁(가압류, 가처분 등)에 의한 등기에 대한 설명 중 옳지 않은 것은?

① 관공서가 촉탁하는 경우에는 등기의무자의 등기필정보를 제공할 필요가 없다.

② 가압류말소등기는 가압류채권자의 신청이 있는 경우에만 말소할 수 있다.

③ 가압류등기에는 반드시 청구금액을 기록하고 가처분등기는 피보전권리를 기록하여야 한다.

④ 부동산의 공유지분에 대한 가압류·가처분등기는 할 수 있지만, 부동산의 합유지분에 대한 가압류·가처분등기는 할 수 없다.

⑤ 소유권에 대한 가압류등기는 갑구에 주등기로, 소유권 이외의 권리에 대한 가압류는 을구에 부기등기로 한다.

⑥ 관공서가 거래주체로서 공동으로 신청할 수 있고, 등기의무자의 등기필정보는 제공하지 않는다.

22 다음은 처분제한등기에 관한 설명이다. 옳은 것은?

① 가압류나 처분금지가처분등기 된 부동산에 대하여도 소유권이전등기를 신청할 수 없다.

   * 처분금지가처분등기가 되어 있는 토지에 대하여는 지상권설정등기를 신청할 수 없다✕

② 피보전권리가 전세권설정등기청구권인 경우, 소유명의인을 가처분채무자로 하는 경우에는 그 가처분등기는 등기기록 중 갑구에 한다.

③ 「민사집행법」에 따라 소유권이전 가처분등기 이후에 된 등기로서 가처분채권자의 권리를 침해하는 등기는 등기관이 직권으로 말소한다.

   * 처분금지가처분등기가 된 후, 가처분채무자를 등기의무자로 하여 소유권이전등기를 신청하는 가처분채권자는 그 가처분등기 후에 마쳐진 등기 전부의 말소를 단독으로 신청할 수 있다✕

④ 처분금지가처분권리자가 승소판결에 의하여 소유권이전등기를 하는 경우 가처분권리자의 해당 가처분등기는 집행법원의 촉탁에 의하여 말소하여야 한다.

⑤ 관공서가 경매로 인하여 소유권이전등기를 촉탁하는 경우, 등기기록과 대장상의 부동산 표시가 부합하지 않는 때에는 그 등기촉탁을 수리할 수 없다.

⑥ 관공서가 촉탁정보 및 첨부정보를 적은 서면을 제출하는 방법으로 등기촉탁하는 경우에는 우편으로 그 촉탁서를 제출할 수 없다.

핵심테마 16 **등기신청적격(등기명의 적격)**

인정되는 경우	부정되는 경우
① 자연인, 무능력자(미성년, 피성년후견인), 외국인, 북한지역에 살고있는 주민.	① 태아
② 법인(외국법인)	② 사립 학교
③ 국가 지방자치단체(시, 군, 구)	③ 읍면, 리, 동
④ 권리능력 없는 사단, 재단(종중 , 교회, 정당, 자연부락, 아파트입주자대표회의, 수리계) 　㉠ **신청인 − 대표자** 　㉡ **명의인(권리 or 의무자) − (사단, 재단 = 종중)** ⑤ 특별법상의 조합(농협 등), 정비사업조합 ⑥ 동민이 **법인 아닌 사단을 구성**(자연부락)하고 그 명칭을 행정구역인 동 명의와 동일하게 한 경우에는 그 동민의 대표자가 동 명의로 등기신청을 할 수 있다.	④ 민법상 조합(단, 전원명의로 합유 등기한다) [암기] 읍면에 있는 민조, 태아, 학교는 등기 신청 적격이 없다.

www.pmg.co.kr

23 등기신청의 당사자 능력과 관련된 설명 중 옳은 것은?

① 대표자나 관리인 있는 법인 아닌 사단이나 재단에 속하는 부동산에 관한 등기를 신청할 때에는 대표자를 등기권리자, 등기의무자로 한다.

② 법인 아닌 사단, 재단의 등기는 대표자 명의로 그 대표자나 관리인이 신청한다.

③ 국립대학교는 학교명의로 등기를 신청할 수 없지만, 사립대학교는 학교명의로 등기를 신청할 수 있다.

④ 특별법에 의하여 설립된 농업협동조합의 부동산은 조합원 전원명으로 합유 등기하여야 한다.

⑤ 동 명의로 동민들이 법인 아닌 사단을 설립한 경우에는 그 대표자가 동 명의로 등기신청을 할 수 있다.

⑥ 행정조직인 읍, 면도 등기의 당사자능력이 있다.

핵심테마 17 **공동신청시(절차법상 등기권리자와 등기의무자)**

01 등기권리자와 등기의무자에 관한 설명으로 옳지 않은 것은?

① 甲 소유로 등기된 토지에 설정된 乙 명의의 근저당권을 丙에게 이전하는 등기를 신청하는 경우, 등기의무자는 乙이다.

② 부동산이 甲 ⇨ 乙 ⇨ 丙으로 매도되었으나 등기명의가 甲에게 남아 있어 丙이 乙을 대위하여 소유권이전등기를 신청하는 경우, 丙은 절차법상 등기권리자에 해당한다.

③ 甲에서 乙로, 乙에서 丙으로 순차로 소유권이전등기가 이루어졌으나 乙 명의의 등기가 원인무효임을 이유로 甲이 丙을 상대로 丙 명의의 등기 말소를 명하는 확정판결을 얻은 경우, 그 판결에 따른 등기에 있어서 등기권리자는 乙이다.

④ 甲이 자신의 부동산에 설정해 준 乙 명의의 저당권설정등기를 말소하는 경우, 乙이 절차법상 등기의무자에 해당한다.

⑤ 채무자 甲에서 乙로 소유권이전등기가 이루어졌으나 甲의 채권자 丙이 등기원인이 사해행위임을 이유로 그 소유권이전등기의 말소판결을 받은 경우, 그 판결에 따른 등기에 있어서 등기권리자는 甲이다.

02 다음 중 등기관이 직권으로 등기할 수 있는 것으로 옳게 묶은 것은?

> ㉠ 전세권을 말소하는 경우 그 권리를 목적으로 하는 저당권의 말소등기
> ㉡ 소유권이전등기시 등기의무자의 주소변경등기
> ㉢ 대지권이라는 뜻의 등기
> ㉣ 농지 전세권에 관한 말소등기
> ㉤ 등기의무자의 소재불명으로 인한 제권판결을 받은 경우의 말소등기
> ㉥ 임차권등기명령에 의한 등기
> ㉦ 관할 지방법원에 의하여 등기관의 처분에 대한 이의가 이유 있다고 인정되는 경우

① ㉠, ㉡   ② ㉠, ㉡, ㉥
③ ㉠, ㉡, ㉢, ㉣   ④ ㉠, ㉡, ㉢, ㉣, ㉤
⑤ ㉠, ㉡, ㉢, ㉣, ㉤, ㉥, ㉦

핵심테마 18 **단독신청 및 공동신청의 등기**

암기 (신)(보)(상)단독, 이행(판결)(수)(표)(멸실)단독, (혼)(사)가 (불명)단독이다

	단독신청	공동신청 (계약일 때)
	① (신)탁등기, 신탁등기말소등기	
1.발생	② 소유권(보)존등기, 소유권(보)존말소등기	
2.이전 등기	③ (상)속등기＝법인의 **합병**에 따른 등기 ④ 토지(수)용에 의한 소유권이전등기	① (특정or포괄)유증에 의한 소유권이전등기 ② 재결실효시 소유권 말소등기
3.변경, 경정	⑤ 부동산(표시) 변경(경정)등기(분합등기) ⑥ 등기명의인 (표시)변경(경정)등기	권리변경(경정)등기 (전세금 증감 변경등기)

4. 판결에 의한 등기
  ① 이행이나 인수를 명한 승소한 등기권리자나 등기의무자는 단독으로 등기를 신청할 수 있다.
  ② 등기권리자가 제기한 말소소송에서 승소판결을 받은 자가 그 판결에 의한 말소등기 신청을 하지 아니한 경우에 패소한 등기의무자가 그 판결에 기하여 직접 말소등기를 신청하거나 대위신청 할 수 없다.
  ③ 판결은 확정**판결**이어야 한다. 따라서 등기신청시에 판결정본 외에 '확정증명서'를 첨부하여야 한다. 그러나 송달증명서는 첨부할 필요가 **없다.**
  ④ 확정되지 아니한 가집행선고가 붙은 판결에 의하여 등기신청한 경우 각하한다.
  ⑤ 단독신청판결은 이행 or 인수 **판결만**을 의미하고, 확인판결이나 형성판결은 이에 해당되지 **않는다**(판결과 동일한 효력이 있는 화해, 인낙조서 포함).

⑥ 단, 등기절차를 이행할 것을 그 내용으로 하는 공증인 작성의 공정증서가 있는 채권자도 그 공정증서에 기하여 단독으로 등기신청을 할 수 **없다.**

⑦ 형성판결인 공유물분할판결도 확정되면 판결에 의한 등기를 신청할 수 있으므로, 그 소송의 원고(권리자) 또는 패소피고(의무자) 모두 등기를 단독으로 신청할 수 있다.

⑧ 승소한 등기의무자가 단독으로 판결에 의하여 등기를 신청하는 때에는 그의 권리에 관한 등기필정보를 제공하나, 승소한 등기권리자가 신청한 경우에는 등기필정보를 제공하지 않는다.

⑨ 소유권이전등기절차의 이행을 명하는 판결을 확정 받았다면 확정 후 10년이 경과하였어도 그 판결에 의한 소유권이전등기를 신청할 수 있다.

03   다음 중 단독으로 신청할 수 없는 등기는?

㉠ 신탁등기 또는 신탁등기의 말소등기
㉡ 소유권보존등기(所有權保存登記) 또는 소유권보존등기의 말소등기(抹消登記)
㉢ 상속, 법인의 합병, 포괄승계(법인의 분할)에 따른 소유권이전등기
㉣ 부동산표시의 변경이나 경정(更正)의 등기(분합필등기, 지목변경등기 등)
㉤ 등기명의인표시의 변경이나 경정의 등기
㉥ 가등기 가처분 명령등기
㉦ 포괄승계인에 의한 등기신청(상속인의 등기신청)
㉧ 포괄(특정) 유증을 원인으로 하는 소유권이전등기
㉨ 승역지에 지역권설정등기를 하였을 경우, 요역지지역권등기

① ㉠, ㉢   ② ㉠, ㉥   ③ ㉡, ㉤, ㉧   ④ ㉢, ㉣   ⑤ ㉦, ㉧, ㉨

04   다음 중 단독으로 신청할 수 있는 등기는?

① 재결의 실효에 의한 수용으로 인한 소유권이전등기의 말소등기
② 전세권자(저당권자)가 소유권을 취득하여 소멸한 전세권(저당권)말소등기(혼동)
③ 말소등기 신청시 등기의 말소에 대하여 등기상 이해관계 있는 제3자의 승낙이 있는 경우, 그 제3자 명의의 등기
④ 전세금 증액에 의한 전세권변경등기
⑤ 대지권이 있다는 뜻의 등기
⑥ 공유물분할판결에 따른 공유지분의 이전등기
⑦ 소유권이전등기의 인수판결이 확정된 경우 승소한 등기의무자

05 다음은 판결에 의하여 등기신청을 하는 경우에 관한 설명이다. 틀린 것은?

① 단독신청 할 수 있는 판결은 등기절차의 이행을 명하는 이행판결만을 의미하고 확인판결이나 형성판결은 포함되지 아니함이 원칙이다.

② 여기서 판결에는 소송상 화해조서, 민사에 관한 조정조서 및 공증인 작성의 공정증서도 포함되는 것이 원칙이다.

③ 소유권이전등기절차의 이행을 명하는 판결을 확정 받았다면 확정 후 10년이 경과하였어도 그 판결에 의한 소유권이전등기를 신청할 수 있다.

④ 소유권이전등기말소청구의 소를 제기하여 승소판결을 받은 자가 그 판결에 의한 등기신청을 하지 아니하는 경우 패소한 등기의무자가 그 판결에 기하여 직접 말소등기를 신청하거나 대위등기를 할 수는 없다.

⑤ 판결에 의하여 등기를 신청하는 경우 등기원인증서로써 판결정본과 확정증명을 첨부하여야 하지만 송달증명서는 첨부하지 않는다.

06 다음은 판결에 의하여 등기신청을 하는 경우에 관한 설명이다. 틀린 것은?

① 형성판결인 공유물분할판결도 확정되면 판결에 의한 등기를 신청할 수 있으므로, 그 소송의 원고(권리자) 및 패소한 피고(의무자)도 등기를 신청할 수 있다.

② 확정판결에 의하여 등기의 말소를 신청하는 경우, 그 말소에 대하여 등기상 이해관계인이 있는 때에는 그의 승낙정보 등을 제공하여야 한다.

③ 소유권이전등기의 이행판결에 가집행이 붙은 경우, 판결이 확정되지 아니하였으므로 가집행선고에 의한 소유권이전등기를 신청할 수 없다.

④ 전세권설정등기의 이행을 명하는 판결이 주문에 전세금이 명시되어 있지 않으면 그 판결로써 전세권설정등기를 할 수 없다.

⑤ 통행권 확인판결에 의한 지역권설정등기는 단독으로 신청할 수 있다.

07 제3자에 의한 등기신청에 관한 설명이다. 틀린 것은?

① 채권자 甲이 채무자 乙을 대위하여 소유권이전등기를 신청하는 경우에 등기권리자는 甲이다.

② 채권자대위에 의한 등기를 한 등기관은 등기필정보를 작성하지 않고 대위채권자와 채무자에게 등기완료의 통지를 하여야 한다.

③ 甲이 자신의 토지를 乙에게 매매하는 계약을 체결한 후 등기를 하지 못하고 사망하였다. 甲에게 단독상속인 丙이 있을 때 丙은 상속등기를 하지 않고 甲으로부터 직접 乙로의 소유권이전등기를 신청할 수 있다.

④ ③의 경우 丙이 乙과 함께 등기신청을 하면 등기기록상의 등기명의인과 신청서의 등기의무자가 일치하지 않더라도 각하사유가 아니다.

⑤ 1동의 건물에 속하는 구분건물 중 일부만에 관하여 소유권보존등기를 신청하는 경우에는 나머지 구분건물의 표시에 관한 등기를 동시에 신청하여야 한다. 이 경우에 구분건물의 소유자는 1동에 속하는 다른 구분건물의 소유자를 대위하여 그 건물의 표시에 관한 등기를 신청할 수 있다.

핵심테마 19 **각종 권리의 신청정보의 기록사항**

구 분	필요적 기록사항 (신청정보에 기록해야한다)	임의적 기록사항 (등기원인에 약정된 경우 기록한다)
소유권 보존	① 신청근거조항	등기원인과 그 연월일은 기재 ×
환매특약	① 매매 대금 ② 매매비용	① 환매(기간)
지상권	① 목적 ② 범위 (목,범)	② (지료), 존속(기간) 등
지역권	① 목적 ② 범위 (목,범) ③ 요역지ㆍ승역지의 표시	
전세권	① 전세금(전전세금)ㆍ(전,범) ② 범위 (단, 목적×)	존속(기간), 양도금지(특약)
저당권	① 채권액 ② 채무자 ③ 권리(지상권ㆍ전세권)의 표시 ④ 공동담보의 표시	㉠ 변제(기간)(단, 근저당×) ㉡ 이자(단, 근저당×) ㉢ 저당부동산에 부합된 물건과 종물이 저당권의 효력이 미치지 않는다는 (특약)
근저당권	① 근저당설정계약이라는 뜻 ② 채권최고액 ③ 채무자	
임차권	① (차임)과 범위 (차,범)	④ 임차(보증금), 존속(기간)

[암기] (약)정, (지)료, (보)증금, (이)자, (기)간은 임의적 기록사항이다.

---

08 다음 중 등기신청정보의 필요적 기록내용으로만 된 것은?

① 임차권설정등기에 있어서의 차임, 범위 및 임차보증금

② 저당권설정등기에 있어서의 채권액과 채무자 및 이자

③ 지상권설정등기에 있어서의 목적, 범위와 지료

④ 환매특약등기에 있어서의 매매대금과 매매비용 및 환매기간

⑤ 근저당권설정등기에 있어서의 채권최고액과 채무자

⑥ 전세권설정등기에 있어서의 전세금과 범위 및 존속기간

* 소유권보존등기신청시 등기원인 및 날짜는 필요적 기록사항이다 ×

핵심테마 20 **부동산거래신고필증 및 매매목록(18회)**

의 의	매매에 관한 거래계약서를 등기원인서면으로 하여 소유권이전등기를 신청하는 경우에는 대법원규칙이 정하는 거래신고필증과 매매목록을 제공하여야 한다. **[암기]** (매) + (계)나 (소)나
거래가액등기의 대상	① 거래가액등기는 2006년 1월 1일 이후 작성된 매매 (계)약서를 등기원인증서로 하여 (소)유권이전등기를 신청하는 경우 ② 소유권이전청구권가등기에 의한 **본등기**를 신청하는 경우
거래가액등기의 대상×	(1) 판결서에 의한 등기 (2) 소유권이전청구권보전 가등기
매매목록(3억)	① 매매목록의 제출이 필요한 경우 　㉠ 1개의 신고필증에 (2)개 이상의 부동산이 기재되어 있는 경우 　㉡ 부동산이 1개라 하더라도 여러사람과 여러사람 사이의 매매인 경우 ② 매매목록의 기입사항: 거래가액 및 목적부동산
등기부에의 기재	① 매매목록 제출 ×: 갑구의 권리자 및 기타 사항란(등기원인란×)에 실거래가액 기록 ② 매매목록 제출 ○: 　㉠ 갑구의 권리자 및 기타 사항란에는 매매목록의 **번호만** 기록하고 실거래가액 기재× 　㉡ 매매목록에 거래가액이 기록된다.

핵심테마 21 **등기의무자의 등기필정보 제공 = 등기필증: [암기]** (공) + (승의)시 제공

1. 구분	등기필정보을 제공하지 않는 경우	등기필정보를 제공하는 경우
(단독) 신청	① 소유권보존 ② 상속등기	① 유증에 의한 등기신청(공동신청이므로) ② 전세권(저당권)설정, 말소등기
(판결)	③ 승소한 등기권리자가 등기신청시	③ 승소한 등기의무자가 등기신청시

2. 등기필정보가 멸실된 경우의 본인 확인방법 − 절대로 재교부되지 않는다.

① 등기의무자의 출석(=확인조서)	등기의무자 또는 그 법정대리인이 등기소에 출석하여 등기관으로부터 등기의무자등임을 확인받아야 한다.
② 대리인의 확인정보 제공	
③ 공증서면 부본의 제공	

핵심테마 22 등기권리자에게 등기필정보의 작성(통지)

알기 (승권)아. (보) (설) (이), (추) (가)시 작성(통지)하나, (변)(말)은 작성(통지)하지 않는다.

---

1. 등기관은 등기권리자의 신청에 의하여 새로운 권리자가 기록되는 등기를 마쳤을 때에는 **등기필정보를 작성하여 등기권리자에게 통지**하여야 한다.

   ① 권리를 (보)존, 각종권리의 (설)정, 각종권리의 (이)전 등기를 하는 경우

   ② 위의 권리의 설정, 이전청구권 보전을 위한 (가)등기를 하는 경우

   ③ 권리자를 (추)가하는 경정, 변경등기(甲 단독소유를 甲, 乙의 공유로 경정하는 경우나 합유자가 추가되는 합유명의인 표시변경등기 등)

   ④ 다만, 관공서가 등기권리자를 위해 소유권보존, 소유권이전등기를 촉탁하는 경우에는 등기필정보를 작성한다.

   ⑤ (승)소한 등기(권)리자가 등기신청을 한 경우

---

2. **등기필정보를 작성하여 통지하지 않는 경우**(권리자가 신청하지 않거나, 등기신청인이 등기부에 새로운 권리자로 기록되지 않는 등기의 경우)

   (1) (말)소 등기

   (2) 부동산표시(변)경, 등기명의인표시**변경**등기,

   (3) 일반적인 **변경**등기(전세금증액, 감액 변경등기 등),

   (4) 관공서가 등기를 촉탁한 경우(처분제한등기＝가압류, 가처분 등)

   (5) 등기권리자가 신청하지 아니한 등기

   　① **승소한 등기(의무자)가** 등기신청을 한 경우

   　② **채권자대위등기신청에** 따라 등기권리자를 대위하여 등기신청을 한 경우

   　③ 등기관이 (직권)으로 **소유권보존등기를** 한 경우

   (6) 국가 또는 지방자치단체가 등기권리자인 경우

   (7) 등기필정보를 전산정보처리조직으로 통지 받아야 할 자가 수신이 가능한 날로부터 (3)개월 이내에 수신하지 않는 경우

핵심테마 23 **인감증명서 제공**

암기 **공동** 신청시 + **의무자** 것 = **소유자** 다

(1) 제출을 요하는 경우= 방문 신청시만	① 소유권의 등기명의인이 등기의무자로서 등기를 신청하는 경우 등기의무자의 인감증명 ② 소유권 관한 가등기명의인이 가등기의 말소등기를 신청하는 경우 가등기명의인의 인감증명 ③ 소유권 외의 권리의 등기명의인(저당권말소등기 등)이 등기의무자로서 등기를 신청하는 경우 　㉠ 등기필정보를 제공하면 인감증명정보를 제공할 필요가 없다 　㉡ 등기필정보를 **분실하여** 확인조서, 확인서면, 공증서면부본을 작성하는 경우에는 인감증명정보를 **제공하여야 한다.** ④ 협의분할에 의한 상속등기를 신청하는 경우 상속인 전원의 인감증명 (단, 법정지분에 의한 상속등기는×)
(2) 제출을 요하지 않는 경우	① (단독신청등기=의무자가 없는 경우) → 소유권보존, 상속등기 등 ② 소유권 이외의 권리(저당권·전세권 등)의 이전등기·말소등기(등기필정보 제공시) ③ 국가나 지방자치단체가 등기의무자인 경우 ④ 상속재산분할협의서 공정증서인 경우나 당사자가 서명 또는 날인하였다는 뜻의 공증인의 인증을 받은 서면인 경우 ⑤ 전자신청의 경우 인감증명을 제공하여야 하는 자가 공인인증정보를 송신하는 때에는 인감증명정보의 송신을 요하지 않는다.
(3)제출시 유의사항	① 법인, 법인 아닌 사단, 재단이 등기의무자인 경우 : 그 대표자 또는 관리인의 인감증명을 제출
(4) 유효기간과 용도	① 유효기간 : 발행일로부터 3월내(주민등록등본 및 대장등본 : 3월) ② 용도 : '매매'인 경우에는 부동산매수자란에 매수인의 성명, 주민등록번호 및 주소가 적혀 있는 부동산매도용 인감 제공한다. ③ 가등기용으로 기재된 인감증명서를 근저당권설정등기신청서에 첨부해도 가능

09 등기필정보(등기필증)의 제공에 관한 설명 중 틀린 것은?

① 유증을 원인으로 하는 소유권이전등기를 신청할 경우에는 등기필정보를 제공해야 한다.

② 승소한 등기의무자가 판결에 의한 등기신청을 하는 경우에는 등기필정보를 제공해야 한다.

③ 판결에 의한 승소한 등기권리자가 소유권이전등기신청을 하는 경우에는 등기필정보를 제공해야 한다.

④ 소유권보존등기나 상속등기를 신청하는 경우에는 등기의무자의 등기필정보를 제공하지 않아도 된다.

⑤ 등기의무자의 등기필정보가 없을 때에는 등기의무자 또는 그 법정대리인이 등기소에 출석하여 등기관으로부터 등기의무자 등임을 확인받아야 한다.

10 등기관이 등기필정보를 작성 통지하는 경우에 해당하지 않는 것은?

① 소유권보존등기

② 전세권설정등기

③ 소유권이전등기, 근저당권이전등기

④ 권리자를 추가하는 경정 또는 변경등기(甲 단독소유를 甲·乙 공유로 경정하는 경우나 합유자가 추가되는 합유명의인표시변경등기 등)를 하는 경우

⑤ 소유권이전청구권보전의 가등기, 지상권설정청구권보전의 가등기

⑥ 근저당권증액 변경등기 및 근저당권말소등기

11 등기관이 등기완료 후 등기필정보를 작성 및 통지하는 경우에 해당하는 것은?

① 관공서가 등기를 촉탁한 경우(가압류, 처분금지가처분등기 등)

② 등기관 직권에 의한 보존등기를 한 경우

③ 채권자대위권에 의한 등기신청한 경우

④ 승소한 권리자가 등기를 신청한 경우

⑤ 승소한 의무자가 등기를 신청한 경우

⑥ 국가 또는 지방자치단체가 등기권리자인 경우 등기필정보

⑦ 등기필정보를 전산정보처리조직으로 통지받아야 할 자가 수신이 가능한 때부터 3개월 이내에 전산정보처리조직을 이용하여 수신하지 않은 경우

12 등기를 하는 경우 검인 및 거래가액의 등기에 관한 설명 중 틀린 것은?

① 2006년 1월 1일 이후에 작성된 매매계약서를 원인증서로 하여 소유권이전등기를 신청하는 경우에는 거래가액등기를 하여야 한다.

② 등기원인이 매매라면 등기원인증서가 판결·조정조서 등 매매계약서가 아닌 때에는 거래가액등기를 하지 않는다.

③ 매매예약서를 등기원인증서로 제출하면서 소유권이전청구권보전 가등기를 하는 때에는 거래가액등기는 하여야 한다.

④ 이 경우 거래부동산이 2개 이상인 경우 또는 거래부동산이 1개라 하더라도 여러 명의 매도인과 여러 명의 매수인 사이의 매매계약인 경우에는 매매목록도 첨부정보로서 등기소에 제공하여야 한다.

⑤ 매매목록이 제출된 경우에는 등기부 중 갑구의 권리자 및 기타사항란에 매매목록 번호만 기록하고 거래가액은 기록하지 않는다.

⑥ 계약에 의한 소유권이전등기를 신청하는 경우에는 검인받은 계약서를 첨부정보로 제공하여야 한다.

⑦ 당초의 신청에 착오가 있는 경우 등기된 매매목록을 경정할 수 있다.

13 등기신청시 첨부하는 인감증명정보에 관한 설명으로 틀린 것은?

① 소유권의 등기명의인이 등기의무자로서 등기를 신청하는 경우 등기의무자의 인감증명을 제공하여야 한다.

② 소유권 이외의 권리의 등기명의인이 등기의무자로서 등기필정보가 없어 그 대신에 소정의 확인정보 또는 공증서부본 등에 의하여 등기를 신청하는 경우 등기의무자의 인감증명을 제공할 필요가 없다.

③ 소유권에 관한 가등기명의인이 가등기의 말소등기를 신청하는 경우 가등기명의인의 인감증명을 제공하여야 한다.

④ 공정증서인 협의분할계약서에 의하여 상속등기를 신청하는 경우에는 상속인 전원의 인감증명을 제출할 필요가 없다.

⑤ 인감증명을 제출하여야 하는 자가 국가 또는 지방자치단체인 경우에는 인감증명을 제출할 필요가 없다.

핵심테마 24 **각하사유**

각하 사유 제29조	①호 : 사건이 그 등기소의 (관할)이 아닌 경우(제29조 1호) ②호 : 사건이 등기할 것이 (아닌) 경우(제29조 2호) ③호 : 신청할 권한이 없는 자가 신청한 경우(무권대리인의 신청, 의사무능력자신청) ④호 : 방문신청으로 등기를 신청할 때에 당사자나 그 대리인이 출석하지 아니한 경우 ⑤호 : 신청정보의 제공이 대법원규칙으로 정한 방식에 맞지 아니한 경우 ⑦호 : 신청정보의 등기의무자의 표시가 등기기록과 일치하지 아니한 경우 　　　다만, 포괄승계인(＝상속인)이 등기신청을 하는 경우는 제외한다. ⑨호 : 등기에 필요한 첨부정보를 제공하지 아니한 경우(＝위조서류 제공) ⑩호 : 취득세 등록면허세 또는 수수료를 내지 아니하거나 등기신청과 관련하여 다른 　　　법률에 따라 부과된 의무를 이행하지 아니한 경우

간과한 등기 효력		효력	직권말소	이의신청
	1호, 2호를 위반한 등기	당연무효 (실체부합여부를 불문하고)	○	○
	3호 ~11호 위반한 등기	실체관계와 부합하면 유효 (무대, 위조, 신청정보~)	×	×

(1) 제29조 2호

① 등기능력 없는 (물건) 또는 (권리)에 대한 등기를 신청한 경우
② 법령에 근거가 없는 특약사항의 등기를 신청한 경우
　　(지상권양도금지특약은 각하사유다, 전세권양도금지특약은 등기가능하다)
③ 구분건물의 전유부분과 대지사용권의 분리처분 금지에 위반한 등기를 신청한 경우
④ 농지를 전세권 설정의 목적으로 하는 등기를 신청한 경우
⑤ 저당권을 피담보채권과 분리하여 양도하거나, 피담보채권과 분리하여 다른 채권의 담보로 하는 등기를 신청한 경우
⑥ 일부 (지분)에 대한 소유권보존등기를 신청한 경우
⑦ 공동상속인 중 일부가 자신의 상속 지분 만에 대한 (상속)등기를 신청한 경우
⑧ 관공서 또는 법원의 촉탁으로 실행되어야 할 등기를 신청한 경우 (채권자의 신청에 의한 가압류등기)
⑨ 이미 보존등기된 부동산에 대하여 다시 보존등기를 신청한 경우
⑩ 그 밖에 신청취지 자체에 의하여 법률상 허용될 수 없음이 명백한 등기를 신청한 경우

등기가 가능(각하사유가 아닌 경우)	등기불가능(각하 사유인 경우) (29조2호)
㉠ 공유지분에 대한 **소유권이전**, 처분제한(가압류, 가처분), 저당권등기	㉠ 공유 ⓩ분에 대한 **용익권**(지상, 지역, 전세, 임차권)등기
㉡ 부동산의 특정일부에 대한 용익물권	㉡ 부동산의 특정일부에 대한 소유권**보존, 소유권이전**, 처분제한, **저당권설정등기**
㉢ 가등기상권리의 **처분금지 가처분등기**	㉢ 가등기에 기한 본등기금지 가처분등기
㉣ 수인의 가등기권리자중 자기 ⓩ분만에 대한 본 등기신청시	㉣ 가등기권리자중 1인이 공유물보존행위에 준해서 부동산 전체에 대한 본등기
㉤ 수인의 **포괄**ⓢ증자중 자기지분만에 대한 소유권이전등기신청	㉤ 물권적청구권 보전을 위한 가등기
㉥ 처분금지 가처분이후의 새로운 등기신청	㉥ 합유 지분에 대한 이전등기. 저당권, 가압류, 가처분등기

	소유권ⓑ존, ⓢ속등기	ⓖ등기에 기한 본등기	포괄ⓤ증에 의한 소유권이전
공동권리자중 1인의 자기 ⓩ분만의 등기	×	○	○
1인이 전원명의	○	×	

[알기] 자기 ⓩ분만 ⓑ, ⓢ은 안 되고요, ⓩ분만 ⓖ ⓤ

14 등기신청의 각하사유에 해당되지 않는 것은?

① 신청할 권한이 없는 자가 신청한 경우(무권대리인의 등기신청, 의사무능력자의 신청 등)

② 신청정보의 제공이 대법원규칙으로 정한 방식에 맞지 아니한 경우

③ 등기에 필요한 첨부정보를 제공하지 아니한 경우(위조된 서류에 의한 신청)

④ 전세권양도금지특약이 있는 전세권설정등기를 신청한 경우

⑤ 등록세, 수수료 등 등기신청과 관련하여 다른 법률에 의하여 부과된 의무를 이행하지 아니한 등기신청

15 다음 중 등기법 제29조 2호(사건이 등기할 것이 아니한 때)에 해당하지 않는 것은?
① 등기능력 없는 물건(교량, 토굴) 또는 권리(유치권)에 대한 등기를 신청한 경우
② 법령에 근거가 없는 특약사항의 등기를 신청한 경우(=5년의 기간을 넘는 공유물 분할금지약정의 등기, 지상권설정등기시 지상권양도금지 특약의 경우)
③ 구분건물의 전유부분과 대지사용권의 분리처분 금지에 위반한 등기를 신청한 경우
④ 수인의 포괄수증자 중 1인의 지분만의 소유권이전등기 신청
⑤ 저당권을 피담보채권과 분리하여 양도하거나, 피담보채권과 분리하여 다른 채권의 담보로 하는 등기를 신청한 경우
⑥ 소유권이전등기말소청구권을 보전하기 위한 가등기를 신청한 경우
⑦ 甲이 가지는 권리의 일부를 목적으로 임차권등기를 신청한 경우

16 다음 중 등기법 제29조 2호(사건이 등기할 것이 아니한 때)에 해당하지 않는 것은?
① 甲(갑)과 乙(을)이 공유한 건물에 대하여 甲(갑) 지분 만에 대한 소유권보존등기를 신청한 경우
② 공동상속인 甲(갑)과 乙(을)중 甲(갑)이 자신의 상속지분 만에 대한 상속등기를 신청한 경우
③ 乙 소유 부동산에 대하여 채권자 甲이 가압류등기를 신청한 경우
④ 이미 보존등기된 부동산에 대하여 다시 보존등기를 신청한 경우
⑤ 수인의 가등기권리자 중 1인이 신청하는 자기 지분만에 대한 본등기
⑥ 분묘기지권의 등기를 신청한 경우
⑦ 공유부동산의 절반을 목적으로 신청하는 저당권설정등기

17 다음 중 등기법 제29조 2호(사건이 등기할 것이 아닐 때)에 해당하지 않는 것을 고르시오.
① 수인의 가등기권리자 중 1인이 신청하는 전원명의 본등기를 신청하는 경우
② 甲(갑)소유의 농지에 대하여 乙(을)이 전세권설정등기를 신청한 경우
③ 매매로 인한 소유권이전등기와 환매특약등기를 동시에 신청하지 않은 경우
④ 갑과 을이 공유인 건물에 대하여 갑의 지분에 대한 전세권 설정등기 신청
⑤ 합유자의 합유지분에 이전등기나 합유지분에 대한 근저당권
⑥ 소유권이전등기시 등기의무자의 등기기록상 주소가 신청정보의 주소로 변경된 사실이 명백한 때

핵심테마 25 **등기신청의 취하**

1. 취하권자	공동으로 한 등기신청은 공동으로 취하하여야 한다.
2. 취하시기	등기신청의 취하는 등기관이 등기를 마치기 전까지 할 수 있다.
3. 취하방법	① "방문신청"의 경우는 신청인 또는 그 대리인이 등기소에 출석하여 취하서(구술 ×)를 제출하는 방법 ② "전자신청"의 경우에는 전산정보처리조직을 이용하여 취하정보를 전자문서로 등기소에 송신하는 방법으로 한다. ③ 특별수권 : 임의대리인이 등기신청을 취하하는 경우에는 취하에 관한 특별수권이 있어야 한다. ④ 일부취하 가능 : 수 개의 등기를 일괄신청한 경우 그중 일부만의 취하도 가능하다.
4. 신청정보 등의 반환 : 등기신청이 취하된 경우 등기관은 신청정보와 그 부속서류일체를 신청인에게 반환하여야 한다.	

18 등기관이 등기를 하였을 때에는 지체 없이 그 사실을 토지의 경우에는 지적소관청에, 건물의 경우에는 건축물대장 소관청에 각각 알려야 할 등기가 아닌 것은?

① 소유권의 보존등기   ② 소유권의 이전등기

③ 소유권의 처분금지 가처분등기   ④ 소유권의 말소등기

⑤ 소유권의 등기명의인표시의 변경등기

핵심테마 26 이의신청

1. 이의 신청 사유	① 각하 : (법 제29조 제1~11) 모두 가능 : 　　㉠ 이의신청권자 : 등기신청인만 (이해관계인×) ② 실행 : 법 제29조 (1호, 2호)에 해당되는 경우에만 이의신청가능, 제3호 이하는 　유효하므로 이의신청을 할 수 없다. 　　㉠ 이의신청권자 : 등기신청인 + 이해관계인도 가능 　　㉡ 이해관계인 ○ : 채권자대위신청의 대위채권자, × : 상속인이 아닌 자는 상속등기에

2. 이의신청은 관할지방법원에 대하여 하지만, **이의신청서는 등기소에 제출.** `암기` ~소,서

3. **새로운 사실**이나 새로운 증거방법으로 할 수 없다.

4. 집행정지(執行停止)의 효력이 없다. **따라서 지방법원은 결정하기 전에 등기관에게 가등기를 명령할 수 있다.**

5. 이의신청의 기간에는 제한이 없다.

6. **등기관의 조치**
　① **이의가 이유 있다고 인정한 때에는 해당하는 처분(등기실행처분)**
　② **이의가 이유 없다고 인정한 때에는 3일 이내에 관할 지방법원(이의신청인×)에 송부**

---

19 등기관의 처분 또는 결정에 대한 이의신청에 관한 설명 중 옳지 않은 것은?

① 등기관의 결정 또는 처분에 이의가 있는 자는 관할 등기소에 이의신청서를 제출하는 방법으로 할 수 있다. * 이의신청은 관할 행정법원에 한다 ×

② 이의신청은 구술이 아닌 서면으로 하여야 하며, 이의신청 기간은 제한이 없다.

③ 새로운 사실이나 새로운 증거방법을 근거로 이의신청을 할 수는 있다.

④ 이의에는 집행정지(執行停止)의 효력이 없다.

⑤ 각하 결정에 대해서는 등기신청인인 등기권리자 및 등기의무자에 한하여 이의신청할 수 있고 제3자는 이의신청 할 수 없다.

20 등기관의 처분 또는 결정에 대한 이의신청에 관한 설명 중 옳지 않은 것은?

① 등기관은 이의가 이유 없다고 인정하면 이의신청일부터 3일 이내에 의견을 붙여 이의신청서를 이의신청인에게 보내야 한다.

② 등기신청의 각하결정에 대한 이의신청은 등기관의 각하결정이 부당하다는 사유로 족하다.

③ 상속인이 아닌 자는 상속등기가 위법하다 하여 이의신청할 수 없다.

④ 관할 지방법원은 이의신청에 대하여 결정하기 전에 등기관에게 이의가 있다는 뜻의 부기등기를 명령할 수 있다.

⑤ 채권자가 채무자를 대위하여 경료된 등기가 채무자의 신청에 의하여 말소된 경우에는 채권자는 이해관계인으로 이의신청할 수 있다.

21 다음 중 이의신청의 대상이 되지 아니 하는 것은?

① 사건이 그 등기소 관할에 속하지 아니한 경우에 그 등기가 실행된 경우
② 사건이 그 등기소 관할에 속하는 것을 관할위반으로 각하한 경우
③ 신청정보의 제공이 대법원규칙으로 정한 방식에 맞지 아니한 등기를 각하한 경우
④ 신청정보의 제공이 대법원규칙으로 정한 방식에 맞지 아니한 등기가 실행된 경우
⑤ 농지에 대한 전세권설정등기가 실행된 경우

핵심테마 27 전자신청(인터넷신청)

전자신청을 할 수 있는 자	① 사용자등록을 한 자연인(출입국에 등록된 외국인도 가능)및 전자증명서 받은 법인 ② 법인 아닌 사단 또는 재단(=종중등)은 전자신청을 할 수 (없다). ③ 변호사나 법무사가 아닌 자는 다른 사람을 대리해서 전자신청을 할 수 (없다).
사용자 등록등	① 당사자 또는 자격자대리인은 등기소(주소지나 사무소 소재지 관할이외의 전국 어느 등기소에서도 할 수 있다)에 직접 출석(전자신청으로×)하여 사용자등록을 하여야 한다. ② 다만, 자격대리인에게 등기신청을 위임한 본인은 사용자등록을 할 필요가 없다. ③ 사용자등록의 유효기간은 (3년)으로 한다. 사용자등록의 유효기간 만료일 3월 전부터 만료일까지는 그 유효기간의 연장을 신청할 수 있다. 다만, 연장기간은 3년으로 하고, 연장의 횟수는 제한되지 않는다. ④ 전자신청의 경우 인감증명을 제공하여야 하는 자가 공인인증정보를 송신하는 때에는 인감증명정보의 송신을 요하지 않는다.
취하, 보정	① 전자신청의 취하나 보정는 전산정보처리 조직을 이용하여 한다. ② 다만 전자신청에 대한 각하는 서면신청과 동일한 방법으로 한다.

22 전자신청등기(인터넷신청)에 관한 설명으로 틀린 것은?

① 전자신청은 자연인으로서 부동산등기법에 따른 사용자등록을 한 경우(출입국관리법에 등록된 외국인 포함)와 법인으로서 상업등기법에 따른 전자증명서를 발급받은 경우에 할 수 있다. * 외국인은 아무런 제한 없이 모두 전자신청할 수 있다 ×
② 전자신청의 경우, 인감증명을 제출해야 하는 자가 공인인증서정보를 송신할 때에는 인감증명서정보도 같이 송신을 요하지 않는다.
③ 사용자등록은 본인이 직접신청을 하고자 할 경우에 하는 것이므로 자격대리인에게 등기신청을 위임한 본인은 사용자 등록을 할 필요가 없다.
④ 변호사나 법무사와 같은 일정한 자격대리인이 아니더라도 자기사건이라면 상대방을 대리하여 전자신청을 할 수 있다.
⑤ 사용자등록의 유효기간은 3년이며, 유효기간 만료일 3월전부터 만료일까지는 그 유효기간의 연장을 신청할 수 있다. 횟수 제한은 없다.
  * 전자신청의 취하나 보정은 전자신청으로 가능하나, 각하는 서면과 동일한 방법으로 한다 ○
⑥ 법인 아닌 사단 또는 재단(종중, 교회 등)은 전자신청을 할 수 없다.

등기의 효력

1. 순위확정적 효력

같은 부동산에 관하여 등기한 권리의 순위는 법률에 다른 규정이 없으면 등기한 **순서**에 따른다.

등기의 순서는	① **같은구(동구)에서 한 등기**	(순위)**번호**에 의하고 **암기** 동 순
	② **다른구(별구)에서 한 등기**	(접수)**번호**에 의한다. **암기** 별 접
	③ **부기등기는**	주등기의 순위에 의하고 다만, 같은 주등기에 관한 부기등기 상호간의 순위는 그 등기 순서에 따른다.
	④ **가등기에 기한 본등기는**	(가등기)순위에 의한다.
	⑤ **말소 회복등기는**	(종전) 순위에 의한다.

⑥ 구분건물에 대지권에 대한 등기로서의 효력이 있는 등기와 대지권의 목적인 토지 등기기록 중 해당구에 한 등기의 순서는(접수)**번호**에 의한다. **암기** 대, 접)

2. 권리추정적 효력

인 정 됨	① 저당권설정등기에서 피담보채권의 존재가 추정된다.
	② 등기원인의 적법추정: 매매
	③ 등기절차의 적법추정: 토지거래허가절차
	④ 소유권(이전)등기는 그 전 소유자에 대해서도 추정이 된다.
	⑤ 점유적 효력은 인정된다.
불 인 정	① 부동산표시의 등기: 표제부(사실의 등기＝지목, 면적), 토지대장
	② 소유권이전청구권보전을 위한 가등기
	③ 死者명의의 등기, 허무인명의 등기
	④ 점유의 (추정력)(민법 200조)
	⑤ 소유권(보존)등기는 그 전소유자에 대하여 추정력 인정 안 된다.

핵심테마 29 무효인 등기와 유효인 등기

무효인 등기	유효인 등기
① 관할 위반의 등기가 실행 된 경우(법 제29조 1호)	① 등기법 제29조 3호 내지 11호 위반등기 가 실행된 경우 ⇨
② '사건이 등기할 경우가 아닌 경우' 등기가 실행된 경우(법 제29조 2호)	② 권한없는 자 : 무권대리인의 등기신청
③ 토지거래허가구역에서 한 중간생략등기	③ 위조서류에 의한 등기신청
④ 권리의 주체(甲⇨乙), 객체(토지⇨건물), 종류(전세권⇨저당권) 가 계약내용과 등기기록 이 불일치한 경우	④ 중간생략등기 등
⑤ 멸실건물보존등기를 신축건물보존등기로 경우	⑤ 모두생략등기(양수인의 보존등기)
	⑥ 실제와 다른 원인에 의한 등기

23 다음 중 부동산 등기에 관한 설명으로 틀린 것은?

① 등기신청은 대법원규칙으로 정하는 등기신청정보가 전산정보처리조직에 저장된 때 접수된 것으로 보고, 등기관이 등기를 마친 경우 그 등기는 (접수한) 때부터 효력을 발생한다.

  * 등기를 마친 경우 그 등기의 효력은 등기신청정보가 전산정보처리조직에 저장된 때 발생한다(○)

② 권리질권과 채권담보권은 등기할 수 있는 권리이다.

③ 하천법상의 하천으로서, 등기부상 지목이 하천으로 등기된 토지는 소유권, 저당권, 권리질권, 등기명의인표시변경 등의 등기를 할 수 있지만 용익권(지상, 지역, 전세권, 임차권)등기는 이를 할 수 없다.

④ 등기관은 접수번호 순서에 따라 등기사무를 처리하여 한다.

⑤ 1필지 토지의 특정된 일부분에 대하여 분할을 선행하지 않으면 지상권설정하지 못한다.

⑥ 법인의 합병등기가 있으면 부동산등기부에 별도의 등기를 하지 않아도 소멸한 법인의 권리는 존속하는 법인이 취득한다.

24 부동산 등기의 효력에 관한 설명으로 가장 옳지 않은 것은?

① 같은 부동산에 관하여 등기한 권리의 순위는 법률에 다른 규정이 없으면 등기한 순서에 따른다.

② 등기의 순서는 등기기록 중 같은 구(區)에서 한 등기 상호간에는 순위번호에 따르고, 다른 구에서 한 등기 상호간에는 접수번호에 따른다.

  * 갑구에서 한 등기의 순위는 순위번호 또는 을구에서 한 등기의 순위는 순위번호에 의한다 ×

③ 말소회복등기의 순위와 효력은 종전의 순위에 따른다.

④ 소유권이전청구권보전 가등기의 순위가 저당권설정등기보다 우선순위이다.

⑤ 부기등기(附記登記)의 순위는 주등기(主登記)의 순위에 따른다. 다만, 같은 주등기에 관한 부기등기 상호간의 순위는 그 순서에 따른다.

25 부동산 등기의 효력에 관한 설명으로 틀린 것은?

① 등기된 부동산에 대하여 점유의 추정력은 인정되지만 점유적 효력은 인정되지 않는다.

② 권리의 추정력은 갑구, 을구의 권리 등기에만 인정되고 표제부에는 인정되지 아니한다.

③ 乙의 토지에 甲 명의의 소유권이전등기 청구권보전을 위한 가등기가 있더라도 甲은 소유권이전등기를 청구할 정당한 법률관계가 있다고 추정되지 않는다.

④ 토지 소유권 보존등기의 명의인도 소유자로 추정되나, 당해 토지를 사정(査定) 받은 사람이 따로 있음이 밝혀진 경우에는(타인의 소유였음이 판명된 경우에는) 추정력이 깨어진다.

⑤ 소유권이전등기는 전 소유자에 대해서도 적법한 원인에 의하여 소유권을 취득한 것으로 추정된다.

핵심테마 30 등기에 관한 장부(표제부, 갑구, 을구)

갑 구	① 소유권에 대한 사항(보존, 이전, 말소등기, 처분제한등기(압류, 가압류, 가처분, 경매), **(담보)가등기, 환매등기** ② 전세권(저당권)에 기한 임의경매기입등기는 (소유권에 대한 경매이므로) 갑구 ③ 가처분의 피보전권리가 근저당권설정등기청구권으로서 **소유명의인을 가처분채무자로** 하는 가처분등기는 갑구에 기록된다.
을 구	① 소유권 이외의 권리(지상권, 지역권, 전세권, 저당권, **권리질권, 채권담보권**, 임차권)에 **대한** 사항의 설정, 이전, 변경, 말소등기, 처분제한등기, 가등기 등)

26 **등기부에 관한 설명으로 틀린 것은?**

① 폐쇄한 등기기록은 영구히 보존해야 한다.

② A토지를 B토지에 합병하여 등기관이 합필등기를 한때에는 A토지에 관한 등기기록을 폐쇄한다.

③ 등기부부본자료는 등기부와 동일한 내용으로 보존기억장치에 기록된 자료이다.

④ 구분건물등기기록에는 표제부를 1동건물에 두고 전유부분에는 갑구, 을구만 둔다.

⑤ 폐쇄등기부에 기록된 사항에 관하여서는 경정등기를 신청할 수 없다.

⑥ 등기관이 등기를 마쳤을 때는 등기부부본자료를 작성해야 한다.

27 **등기소와 등기관에 관한 설명이다. 옳지 않은 것은?**

① 1개의 건물이 수개의 등기소의 관할구역에 걸쳐 있는 때에는 신청에 의하여 그 각 등기소를 관할하는 상급법원장이 관할등기소를 지정한다.

② 무인발급기는 등기소 이외의 장소에도 설치할 수 있으며, 그 설치장소는 관할 등기소장이 정한다.

③ 등기사무는 등기소에 근무하는 법원서기관 · 등기사무관 · 등기주사 또는 등기주사보 중에서 지방법원장이 지정하는 자[이하 "등기관"(登記官)이라 한다]가 처리한다.

④ 대법원장은 어느 등기소의 관할에 속하는 사무를 다른 등기소에 위임하게 할 수 있다.

⑤ 대법원장은 등기소에서 등기사무를 정지하여야 하는 사유가 발생하면 기간을 정하여 등기사무의 정지를 명령할 수 있다.

28 등기사항의 열람과 증명에 관한 설명이다. 옳지 않은 것은?

① 등기사항증명서 발급신청시 매매목록은 그 신청이 있는 경우에만 등기사항증명서에 포함하여 발급한다.

* 공동담보목록, 매매목록, 신탁원부, 도면 또는 매매목록은 등기부는 아니지만 등기부의 일부로 보는 것이므로 등기기록의 열람신청을 하면 당연히 포함하여 열람할 수 있다. (×)

② 구분건물에 대한 등기사항증명서의 발급에 관하여는 1동의 건물의 표제부와 해당 전유부분에 관한 등기기록을 1개의 등기기록으로 본다.

③ 등기신청이 접수된 부동산에 관하여는 등기관이 그 등기를 마칠 때까지 등기사항 증명서를 발급하지 못한다. 다만, 그 부동산에 등기신청사건이 접수되어 처리 중에 있다는 뜻을 등기사항증명서에 표시하여 발급할 수 있다.

④ 등기소에 보관 중인 등기신청서는 법관이 발부한 영장에 의해 압수하는 경우에도 등기소 밖으로 옮기지 못한다.

* 등기부는 법관이 발부한 영장에 의해 압수하는 경우에도 등기소 밖으로 옮기지 못한다.

⑤ 등기부(폐쇄등기부), 공동담보목록, 매매목록, 신탁원부, 도면은 영구(永久)보존하여야 한다.

* 제공된 신청정보와 첨부정보는 영구보존하여야 한다.× 〔암기〕 ~ 부(夫)

⑥ 누구든지 수수료를 내고 등기기록에 기록되어 있는 사항의 전부 또는 일부의 열람과 이를 증명하는 등기사항증명서의 발급을 청구할 수 있다. 다만, 등기기록의 부속서류에 대하여는 이해관계 있는 부분만 열람을 청구할 수 있다.

* 등기원인을 증명하는 정보에 대하여는 이해관계 있는 부분만 열람을 청구할 수 있다 ○

⑦ 등기사항증명서의 발급이나 열람 시에 개인 및 법인 아닌 사단이나 재단의 대표자는 등록번호 뒤 7자리를 공시하지 아니할 수 있다.

정답

지번

1	2	3	4	5
③	③	③	④	④

지목

1	2	3	4	5	6	7	8	9	10
⑤	②	④	③	①	⑤	④	②⑥	①	⑤ (ㄱㄴㄷㄹㅁㅂㅇ)

경계

1	2	3	4
⑤	⑤⑥	②⑥	③

면적

1	2	3	4
① (ㄷㅅ)	③	④	④

지적공부

1	2	3	4	5	6	7	8	9	10
⑤	⑤	①	③	③	③	②	②	③	⑤

11	12	13	14	15	16	17	18	19	20
①	②	①	④⑧	⑥	①	①	⑥	⑤	②

토지이동

1	2	3	4	5	6	7	8	9	10
②	③	③⑦	①	③	②	⑤	④	②	③⑥
11	12	13	14	15	16	17	18	19	20
③	①	④	④	③	④	⑤⑥⑦	⑤	④	⑤⑥
21	22								
④	④								

지적측량

1	2	3	4	5	6	7	8	9	10
③ (ㅅㅇㅈㅊ)	①	②④	⑤	⑤	①	④	⑤	⑤	②⑥

제2장 부동산등기법

소유권보존등기절차 등

1	2	3	4	5	6	7	8	9	10
⑤	③	③	②	③	④	④	②	④	⑤⑥
11	12	13	14	15	16	17	18	19	20
②	②	⑤⑦	⑤	④	③	④	⑥	②⑥	①
21	22	23	24	25	26				
③	①	②	③	②	②				

변경등기절차 등

1	2	3	4	5	6	7	8	9	10
③	③	③	④	⑤	①	①⑥	⑤	⑤	⑤
11	12	13	14	15	16	17	18	19	20
④	②	⑤	②(ⓛⓒⓞ)	③	⑥	⑤	③	⑤	④
21	22	23							
②	②	⑤							

공동신청시 등

1	2	3	4	5	6	7	8	9	10
②	③	⑤	②⑥⑦	②	⑤	①	⑤	③	⑥
11	12	13	14	15	16	17	18	19	20
④	③	②	④	④	⑤	⑥	③	③	①
21	22	23	24	25	26	27	28		
④	④	⑤	④	①	④	②	④		

01 공간정보의 구축 및 관리에 관한 법상 지번에 관한 설명으로 옳은 것은?

① 지번은 국토교통부장관이 시·군·구별로 부여한다.

② 지번(地番)은 아라비아숫자로 표기하되, 임야대장과 임야도인 토지의 지번은 숫자 뒤에 "임"자를 붙인다.

③ 지번은 본번(本番)과 부번(副番)으로 구성하되, 본번과 부번 사이에 "-"표시로 연결한다. 이 경우 "-"표시는 "의"라고 읽는다.

④ 지번은 북동에서 남서로 순차적으로 부여한다.

⑤ 토지소유자가 지번을 변경하려면 지번변경 사유와 지번변경 대상토지의 지번·지목·면적에 대한 상세한 내용을 기재하여 지적소관청에 신청하여야 한다.

02 공간정보의 구축 및 관리에 관한 법상 지번에 관한 설명으로 옳은 것은?

① 신규등록 및 등록전환의 경우에는 그 지번부여지역의 최종본번의 다음순번의 본번으로 지번을 부여함을 원칙으로 한다.

② 신규등록 및 등록전환 대상 토지가 여러 필지인 경우에는 그 지번부여지역의 최종부번의 다음순번의 부번으로 지번을 부여할 수 있다.

③ 신규등록 및 등록전환 대상토지가 그 지번부여지역의 최종지번의 토지에 인접하여있는 경우에는 지번부여지역의 최종 본번의 다음 순번부터 본번으로 하여 순차적으로 지번을 부여할 수 있다.

④ 신규등록 및 등록전환 대상토지가 이미 등록된 토지와 멀리 떨어져 있는 경우에는 지번부여지역의 최종 본번의 다음 순번의 본번에 부번을 부여할 수 있다.

⑤ 분할의 경우 주거·사무실 등의 건축물이 있는 필지에 대해서는 소유자가 신청이 있어야 분할 전 지번을 부여한다.

03 다음 중 공간정보의 구축 및 관리에 관한 법상 지번에 관한 설명으로 옳은 것은?

① 축척변경 시행지역의 필지에 지번을 부여할 때에는 등록전환측량 토지 지번부여 방법을 준용한다.

② 7, 7-1, 7-7의 토지 중 7의 토지가 2필지로 분할하는 경우 원칙적으로 7-8, 7-9 이 되어야 한다.

③ 지번을 변경, 축척변경, 행정구역개편으로 지번을 부여 할 때에는 인접토지의 본 번에 부번을 부여한다.

④ 합병의 경우 토지소유자가 합병 전의 필지에 주거·사무실 등의 건축물이 있어서 그 건축물이 위치한 지번을 합병 후의 지번으로 신청할 때에는 그 지번을 합병 후 의 지번으로 부여하여야 한다.

⑤ 10, 9-1, 11, 8-2번지의 토지가 1필지로 합병하는 경우, 9-1번지의 토지에 주거 용 건축물이 있다면 합병 후의 지번은 9-1로 정해야 한다.

04 지목을 지적도 및 임야도에 등록하는 때에는 부호로 표기하여야 한다. 다음 중 지목과 부호의 연결이 옳은 것은?

① 주차장 - '주'   ② 공장용지 - '공'

③ 광천지 - '천'   ④ 목장용지 - '장'

⑤ 유원지 - '원'

05 지목에 관한 설명으로 옳은 것은?

① 어린이 놀이터, 동물원, 경마장의 지목을 공유지연명부와 대지권등록부에 등록하 는 때에는 '원'으로 등록하여야 한다.

② 물을 상시적으로 직접 이용하여 벼, 연, 미나리 왕골 등의 식물을 주로 재배하는 토지는 '답'이다.   * 연, 왕골 등이 자생하는 토지는 '유지'다.

③ 학교용지, 공원, 종교용지 등 다른 지목으로 된 토지 안에 있는 유적·고적·기념 물 등을 보호하기 위해 구획된 토지는 사적지이다.

④ 물건 등을 보관 또는 저장하기 위하여 독립적으로 설치된 보관시설부지의 지목은 '대'이다.

⑤ 물을 상시적으로 이용하지 않고 곡물·원예작물(과수류도 포함한다)·약초·뽕 나무·닥나무·묘목·관상수 등의 식물을 주로 재배하는 토지와 식용(食用)으로 죽순을 재배하는 토지의 지목은 '전'이다.

06 공간정보의 구축 및 관리 등에 관한 법령상 지목의 구분으로 옳은 것은?

① 유수(流水)를 이용한 요트장 및 카누장 등의 토지는 "체육용지"로 한다.

② 교통 운수를 위하여 일정한 궤도 등의 설비와 형태를 갖추어 이용되는 토지의 지목은 '도로'이다.

③ 여객자동차터미널, 자동차운전학원 및 폐차장 등 자동차와 관련된 독립적인 시설물을 갖춘 부지 및 공항시설 및 항만시설 부지의 지목은 "잡종지"로 한다.

④ 물을 정수하여 공급하기 위한 취수·저수·도수(導水)·정수·송수 및 배수시설의 부지 및 이에 접속된 부속시설물의 부지는 "유지"로 한다.

⑤ 조수·자연유수·모래·바람 등을 막기 위하여 설치된 방조제·방수제·방사제·방파제 등의 부지는 "구거"로 한다.

07 공간정보의 구축 및 관리 등에 관한 법령상 지목의 구분기준에 대한 설명으로 옳은 것은?

① 박물관·극장·미술관 등 문화시설부지는 '대'이다.

② 자연의 유수(流水)가 있거나 있을 것으로 예상되는 토지는 지목이 '수도용지'이다.

③ 해상에 인공으로 조성된 수산생물의 번식 또는 양식을 위한 시설을 갖춘 부지와 이에 접속된 부속시설물의 부지의 지목은 '양어장'으로 한다.

④ 사과·배·밤·호두·귤나무 등 과수류를 집단적으로 재배하는 토지와 이에 접속된 저장고 등 부속시설물의 부지 및 주거용 건축물의 부지는 '과수원'으로 한다.

⑤ 지하에서 석유류 등이 용출되는 용출구와 그 유지에 사용되는 부지는 '주유소 용지'이다.

08 지목에 관한 설명으로 옳은 것은?

① 축산법에 따른 가축을 사육하는 축사 등의 부지에 접속된 주거용 건축물의 부지의 지목은 '목장용지'이다.

② 제조업을 하고 있는 공장시설물의 부지는 '공장용지'로 하고, 같은 구역에 있는 의료시설 등 부속시설물의 부지는 '대'로 한다.

③ 산림 및 원야(原野)를 이루고 있는 암석지·자갈땅·모래땅·습지·황무지, 죽림지, 수림지(樹林地) 등의 토지의 지목은 '잡종지'이다.

④ 온수·약수·석유류 등을 일정한 장소로 운송하는 송수관·송유관 및 저장시설의 부지는 '광천지'이다.

⑤ 문화재로 지정된 역사적인 유적·고적·기념물 등을 보존하기 위하여 구획된 토지는 '사적지'로 한다.

09 지목이 '체육용지'는 몇 개이고 '유원지'는 몇 개인가?

> ㉠ 동물원·식물원·민속촌   ㉡ 야영장
> ㉢ 승마장   ㉣ 경마장
> ㉤ 스키장   ㉥ 경륜장
> ㉧ 유선장(遊船場)   ㉨ 골프장

① 체육용지 4개 - 유원지 4개   ② 체육용지 5개 - 유원지 3개
③ 체육용지 2개 - 유원지 6개   ④ 체육용지 3개 - 유원지 5개
⑤ 체육용지 6개 - 유원지 2개

10 지목이 '잡종지'인 것은 몇 개인가?

> ㉠ 영구적 건축물 중 변전소, 송신소, 수신소
> ㉡ 쓰레기 및 오물처리장 등의 부지
> ㉢ 공항, 항만시설
> ㉣ 실외에 물건을 쌓아두는 곳
> ㉤ 갈대밭
> ㉥ 야외시장
> ㉧ 황무지, 습지
> ㉨ 도축장
> ㉩ 야영장

① 3개   ② 4개   ③ 5개   ④ 6개   ⑤ 7개

11 지적소관청이 지상 경계를 새로 결정하려는 경우 그 기준으로 옳은 경우는? (단, ①②③의 경우 구조물 등의 소유자가 다른 경우는 제외된다)

① 연접되는 토지 간에 높낮이(고저) 차이가 없는 경우: 그 구조물 등의 상단부
② 연접되는 토지 간에 높낮이(고저) 차이가 있는 경우: 그 구조물 등의 중앙
③ 도로·구거 등의 토지에 절토(切土)된 부분이 있는 경우: 그 경사면의 하단부
④ 토지가 해면 또는 수면에 접하는 경우: 평균간조위 또는 평균간조가 되는 선
⑤ 공유수면매립지의 토지 중 제방 등을 토지에 편입하여 등록하는 경우: 바깥쪽 어깨부분

12 분할에 따른 지상 경계결정시 지상건축물을 걸리게 결정해서는 아니 되는 것은?

① 공공사업으로 인하여 학교용지·도로·철도용지·제방·하천·구거·유지·수도용지 등의 지목으로 되는 토지를 분할하는 경우

② 도시개발사업 등의 사업시행자가 사업지구의 경계를 결정하기 위하여 분할하고자 하는 경우

③ 「국토의 계획 및 이용에 관한 법률」의 규정에 의한 도시계획결정고시와 지형도면 고시가 된 지역의 도시, 군관리계획선에 따라 토지를 분할하는 경우

④ 법원의 확정판결이 있는 경우

⑤ 토지이용상 불합리한 지상경계를 시정하기 위하여 토지를 분할하고자 하는 경우

⑥ 소유권이전 또는 매매 등을 위하여 토지를 분할하는 경우

13 지상경계점등록부에 등록사항이 아닌 것은?

① 소재, 지번, 공부상의 지목과 실제 토지이용 지목

② 소유자 및 고유번호

③ 경계점의 표지의 종류

④ 경계점의 좌표(경계점좌표등록부 시행지역에 한함)

⑤ 경계점의 사진파일

⑥ 경계점의 설치비용, 경계점표지의 보존기간

14 다음 중 새로측량하여 면적측정의 대상이 아닌 것은?

㉠ 임야대장등록지를 토지대장등록지로 옮기는 경우(등록전환)
㉡ 도시개발사업시행지역
㉢ 지목변경
㉣ 축척변경
㉤ 지적공부 복구
㉥ 경계복원측량 및 지적현황측량시 면적측정이 **수반**되는 경우
㉦ 지번변경

① 2개　　② 3개　　③ 4개　　④ 6개　　⑤ 7개

15 면적의 결정에 대한 설명으로 옳은 것은?

① 축척이 600분의 1인 지역과 경계점좌표등록부에 등록하는 지역의 토지 면적은 $0.1m^2$ 미만의 끝수가 있는 경우 $0.5m^2$ 미만일 때에는 버리고 $0.5m^2$를 초과할 때에는 올린다. 다만 $0.5m^2$일 때에는 구하려는 끝자리의 숫자가 0 또는 짝수이면 올리고, 홀수이면 버린다.

② 축척이 600분의 1과 경계점좌표등록부에 등록하는 지역의 1필지 면적이 $0.1m^2$ 미만일 때에는 $0.1m^2$로 하며, 임야도에 등록하는 지역의 1필지 면적이 $0.1m^2$ 미만일 때에는 $0.1m^2$로 한다.

③ 임야도(고유번호 11번째 숫자가 2인 지역)에 등록하는 지역에서 면적측정결과 $123.5m^2$가 산출되었다면 임야대장에 등록한 면적은 $124m^2$가 된다.

④ 축척이 500분의 1이 지역의 1필지 면적이 $0.1m^2$ 미만일 때에는 $1m^2$로 한다.

⑤ 지적도의 축척이 1/1.000, 1/1.200, 1/2.400, 1/3.000, 1/6.000 지역의 1필지의 면적이 $0.1m^2$ 미만일 때에는 $1m^2$로 한다.

16 지적공부의 등록사항에 대한 설명이다. 틀린 것은?

① 토지의 소재, 지번은 모든 지적공부에 공통된 등록사항이다.

② 토지이동사유, 면적, 개별공시지가는 토지(임야)대장에만 등록사항이다.

③ 건물의 명칭, 전유건물의 표시, 대지권의 비율은 대지권등록부에만 등록된다.

④ 경계, 도면의 색인도, 도곽선과 그 수치, 삼각점 및 지적기준점의 위치, 건축물 및 구조물의 위치는 도면(지적도, 임야도)에만 등록된다.

⑤ 고유번호, 부호, 부호도 및 좌표에 의해서 계산된 경계점간의 거리 경계점좌표등록부에 등록사항이다.

⑥ 지목과 축척은 도면(지적도/임야도)과 토지(임야)대장에만 등록사항이다.

⑦ 도면번호는 공유지연명부와 대지권등록부에만 등록되어 있지 않다.

⑧ 토지의 고유번호와 장번호는 도면에만 등록되어 있지 않다.

17 토지대장과 임야대장에 등록사항으로 옳지 않은 것은?

> ㉠ 토지의 고유번호(장번호)
> ㉡ 지목(부호)과 축척
> ㉢ 소유자의 성명 또는 주소 및 주민등록번호
> ㉣ 토지의 이동사유
> ㉤ 면적
> ㉥ 개별공시지가와 그 기준일
> ㉦ 소유권의 지분

① ㉠   ② ㉡   ③ ㉤   ④ ㉥, ㉦   ⑤ ㉡, ㉤

18 공유지연명부에 등록되는 사항이 아닌 것은?

> ㉠ 토지의 고유번호(장번호)   ㉡ 소유자의 성명 또는 명칭, 주소 등
> ㉢ 토지소유자가 변경된 날과 그 원인   ㉣ **소유권 지분**
> ㉤ **지목**   ㉥ **면적**

① ㉥   ② ㉤   ③ ㉤, ㉥   ④ ㉠   ⑤ ㉣

19 대지권등록부에 등록되는 사항이 아닌 것은?

> 암기 고, 소, 지분 + 건, 전, 대비○   면, 목, 도면번호 ×

> ㉠ 토지의 고유번호(장번호)   ㉡ 소유자의 성명 또는 주소
> ㉢ 소유권 지분   ㉣ **건축물의 명칭**
> ㉤ **전유부분(專有部分)의 건물표시**   ㉥ **대지권 비율**
> ㉦ **지목(축척)**   ㉧ 도면번호

① ㉥   ② ㉠   ③ ㉦, ㉧   ④ ㉤   ⑤ ㉣, ㉧

20 도면(지적도 및 임야도)의 등록사항이 아닌 것은?

> ㉠ 경계
> ㉡ 지적도면의 색인도
> ㉢ 도곽선(圖廓線)과 그 수치
> ㉣ 건축물 및 구조물의 위치
> ㉤ 삼각점 및 지적기준점의 위치
> ㉥ 지목(축척)
> ㉦ 고유번호(장번호)
> ㉧ 소유자의 성명
> ㉨ 면적

① ㉥   ② ㉠   ③ ㉦, ㉧, ㉨   ④ ㉤   ⑤ ㉣, ㉧

21 공간정보의 구축 및 관리 등에 관한 법령상 지적도에 대한 다음의 설명으로 틀린 것은?

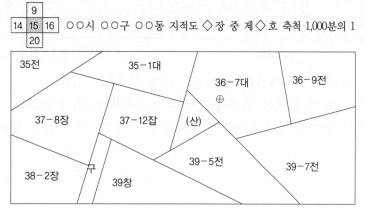

① 이 지적도의 축척은 1,000분의 1이다.

② 이 지역의 토지면적을 대장에 등록할 때에는 제곱미터 이하 한자리 단위로 등록하여야 한다.

③ 이 지역에는 경계점좌표등록부가 비치되지 않는 것이 원칙이다.

④ 36−7에 있는 ⊕ 표시는 지적삼각점을 나타낸다.

⑤ (산)으로 표시된 곳은 임야도에 등록되는 토지임을 나타낸다.

22 경계점좌표등록부를 갖춰두는 지역의 지적도가 아래와 같은 경우 이에 관한 설명으로 옳은 것은?

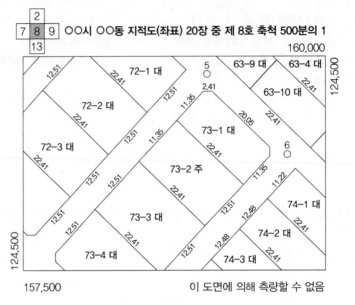

① 이 지역은 임야대장과 임야도가 함께 비치되어 있다.

② 72-2 토지에 대한 면적의 측정은 전자면적계산법에 의한다.

③ 72-2 토지의 경계선상에 있는 22.41은 경계점간의 거리를 좌표로 계산하여 등록한 것이며, 실제 토지에서의 거리가 22m 41cm임을 나타낸다.

④ 위 도면에는 건축물 및 구조물의 위치는 등록할 수 있으나, 지적기준점의 위치는 등록할 수 없다.

⑤ 이 지역에서 경계의 분쟁을 해결하기 위하여 경계복원측량을 할 때에는 500분의 1 축척의 지적도에 의하여야 한다.

23 경계점좌표등록부에 등록사항이 아닌 것은?

㉠ 토지의 고유번호	㉡ 부호 및 부호도
㉢ 좌표	㉣ 경계
㉤ 축척(지목)	㉥ 소유자

① ㉥ ② ㉠ ③ ㉤ ④ ㉡ ⑤ ㉣, ㉤, ㉥

24 다음은 경계점좌표등록부에 관한 설명이다. 옳은 것은?

① 지적소관청은 도시개발사업 등에 따라 새로이 지적공부에 등록하는 토지에 대하여는 경계점좌표등록부를 작성하고 갖춰 두어야 한다.

② 경계점좌표등록부를 비치한 지역에 있어서는 토지의 경계결정과 지표상의 복원은 별도로 비치된 "지적도"에 의한다.

③ 경계점좌표등록부를 갖춰 두는 토지는 축척변경측량 또는 지적현황측량을 실시하여 경계점을 좌표로 등록한 지역의 토지로 한다.

④ 경계점좌표등록부를 갖추두는 지역의 지적도에는 해당 도면 제명 끝에 '수치'라고 표시하고, 도곽선 왼쪽 윗부분에 '이 도면에 의하여 측량할 수 없음'이라고 적는다.

⑤ 면적계산방법은 전자면적측정기에 의한다.

25 지적공부의 보존, 반출에 대한 설명이다. 옳은 것은?

① 지적소관청은 해당 청사에 지적서고를 설치하고 그 곳에 지적공부(정보처리시스템을 통하여 기록·저장한 경우는 제외한다)를 10년간 보존하여야 한다.

② 지적서고는 100장단위로 토지대장(임야대장).일람도, 지적도면을 바인더에 보관하고, 섭씨 20±5, 습도 65±5를 유지해야 한다.

③ 천재지변을 피하기 위하여 필요한 경우에는 시, 도지사의 승인을 얻어 해당 청사 밖으로 지적공부를 반출할 수 있다.

④ 지적공부를 정보처리시스템을 통하여 기록·저장한 경우 관할 시·도지사, 시장·군수 또는 구청장은 지적정보관리체계에 영구히 보존하여야 한다.

⑤ 정보처리시스템을 통하여 저장된 지적공부를 열람하거나 등본발급은 시·도지사나 시장, 군수, 구청장이나 읍, 면, 동장에 신청할 수 있다.

⑥ 지적소관청은 정보처리시스템을 통하여 기록, 저장하는 지적공부가 멸실되거나 훼손될 경우를 대비하여 지적공부를 복제하여 관리하는 시스템을 구축하여야 한다.

⑦ 지적소관청은 지적공부를 과세나 부동산정책자료 등으로 활용하기 위하여 공시지가전산자료, 주민등록전산자료, 가족관계등록전산자료, 부동산등기전산자료 등을 관리하기 위하여 지적정보전담기구를 설치한다.

⑧ 지적서고의 지적공부 보관상자는 벽으로부터 15센티미터 이상 띄워야 하며, 높이 10센티미터 이상의 깔판 위에 올려놓아야 한다.

26 지적전산자료에 대한 설명으로 틀린 것은?

① 지적전산자료의 이용 또는 활용하려는 자는 미리 관계 중앙행정기관장의 심사를 받아야 한다.

② 다만, 중앙행정기관의 장, 그 소속 기관의 장 또는 지방자치단체의 장이 신청하는 경우에는 그러하지 아니하다.

③ 토지소유자가 자기 토지에 대한 지적전산자료를 신청하는 경우 심사를 받지 아니할 수 있다.

④ 토지소유자가 사망하여 그 상속인이 피상속인의 토지에 대한 지적전산자료를 신청하는 경우에는 심사를 받지 아니할 수 있다.

⑤ 개인정보를 제외한 지적전산자료는 심사받지 아니한다.

⑥ 지적전산자료의 이용시 국토교통부장관이나 시·도지사, 지적소관청 등의 승인을 얻어야 한다.

27 지적공부의 복구에 관한 관계 자료가 아닌 것은?

> ㉠ 부동산등기부 등본 등 등기사실을 증명하는 서류
> ㉡ 법원의 확정판결서 정본 또는 사본
> ㉢ 지적공부의 등본
> ㉣ 토지이동정리 결의서
> ㉤ 측량 결과도
> ㉥ 토지이용**계획** 확인서
> ㉦ 지적측량수행 **계획서, 측량준비도, 측량의뢰서**

① ㉥, ㉦   ② ㉠   ③ ㉤   ④ ㉡   ⑤ ㉣, ㉤

28 지적공부의 복구절차에 관한 설명으로 옳은 것은?

① 지적소관청은 지적공부의 전부 또는 일부가 멸실되거나 훼손된 경우에 시, 도지사의 승인을 얻어 이를 복구하여야 한다.
* 지적소관적공부를 복구하려는 경우에는 해당 토지의 소유자에게 지적공부의 복구신청을 하도록 통지하여야 한다×

② 복구하려는 토지의 표시 등에 이의가 있는 자는 15일 이내에 지적소관청에 이의신청을 할 수 있다.

③ 작성된 복구자료도에 따라 측정한 면적과 지적복구자료 조사서의 조사된 면적의 증감이 허용범위를 이내인 경우에는 복구측량을 하여야 한다.

④ 복구측량을 한 결과가 복구자료와 부합하지 아니하는 때에는 토지소유자 및 이해관계인의 동의 없이 직권으로 경계 또는 면적 등을 조정할 수 있다.

⑤ 지적소관청은 복구자료의 조사 또는 복구측량 등이 완료되어 지적공부를 복구하려는 경우에는 복구하려는 토지의 표시 등을 시·군·구 게시판 및 인터넷 홈페이지에 20일 이상 게시하여야 한다.

⑥ 소유자에 관한 사항은 부동산등기부나 법원의 확정판결에 따라 복구하여야 한다.

29 부동산 종합공부의 등록사항으로 틀린 것은?

① 건축물의 소유자와 표시에 관한 사항: 「건축법」에 따른 건축물대장의 내용

② 토지의 표시와 소유자에 관한 사항: 공간정보의 구축 및 관리에 관한 법에 따른 지적공부의 내용

③ 토지의 이용 및 규제에 관한 사항: 「토지이용규제법」에 따른 토지이용계획확인서 내용 * 건축물 이용 및 규제에 ×

④ 부동산 등기법상 부동산의 권리에 관한 사항이 등록되어 있다.
* 부동산의 표시에 관한 사항×

⑤ 부동산의 가격에 관한 사항: 실거래가격 및 공동주택가격의 공시내용
* 부동산의 보상에 관한 사항×

30 부동산 종합공부의 등록사항으로 옳은 것은?

① 지적소관청은 부동산종합공부를 영구히 보존하여야 하며, 국토교통부장관은 부동산종합공부의 멸실 또는 훼손에 대비하여 이를 별도로 복제하여 관리하는 정보관리체계를 구축하여야 한다.

② 지적소관청은 불일치 등록사항에 대해서는 등록사항을 관리하는 기관의 장에게 그 내용을 통지하여 등록사항 정정을 요청할 수 있다.

③ 부동산종합공부의 등록사항에 잘못이 있는 경우에는 지적소관청의 직권정정만 허용된다.

④ 부동산종합공부를 열람하거나 부동산종합공부 기록사항의 전부 또는 일부에 관한 증명서를 발급받으려는 자는 시, 도지사 또는 지적소관청이나 읍·면·동의 장에게 신청할 수 있다.

⑤ 토지소유자는 부동산종합공부의 토지표시 사항에 잘못 있음을 발견한 경우에는 지적소관청이나 읍, 면, 동장에게 그 정정을 신청할 수 있다.

31 신규등록에 관한 설명 중 옳은 것은?

① 토지소유자는 보존등기가 된 날로부터 60일 이내에 지적소관청에 신규등록을 신청하여야 한다.

② 지적소관청은 신규등록하는 경우 지적공부의 소유자란은 등기소의 통지에 따라 등록한다.

③ 지적소관청은 신규등록하는 경우 지적공부의 소유자란은 지적소관청이 직접 조사하여 등록한다.

④ 신규등록신청시 어느 하나에 해당하는 서류를 해당 지적소관청이 관리하는 경우에는 시, 도지사의 확인으로 그 서류의 제출을 갈음할 수 있다.

⑤ 지적소관청은 신규등록을 하면 소유권보존등기를 등기촉탁한다.

⑥ 신규등록을 하는 토지의 지번은 그 지번부여지역의 최종 본번의 다음 순번부터 본번으로 부여하는 것이 원칙이다.

32 등록전환 신청에 관한 설명이다. 옳지 않은 것은?

① 「산지관리법」에 따라 산지전용 허가, 건축법에 건축허가 등 개발행위허가 등을 받은 경우는 등록전환을 신청할 수 있다.

② 도시, 군 관리계획선에 따라 토지를 분할하는 경우 등록전환을 신청할 수 있다.

③ 임야대장의 면적과 등록전환될 면적의 차이가 오차허용범위 초과하는 경우에는 임야대장의 면적 또는 임야도의 경계는 소유자의 신청으로 정정한 후 등록전환을 하여야 한다.

④ 임야도에 등록된 토지가 사실상 형질변경 되었으나 지목변경을 할 수 없는 경우에는 지목변경 없이 등록전환을 신청할 수 있다.

⑤ 등록전환이 완료되었을 경우에는 관할등기소에 별도의 토지표시변경등기를 촉탁하여야 한다.

⑥ 공간정보의 구축 및 관리 등에 관한 법령상 등록전환을 할 때 임야대장의 면적과 등록전환될 면적의 차이가 오차의 허용범위를 이내인 경우는 지적소관청은 등록전환될 면적을 등록전환 면적으로 결정한다.

⑦ 개발행위 허가 등을 증명하는 서류를 그 지적소관청이 관리하는 경우에는 그 지적소관청으로부터 발급받아 제출하여야 한다.

33 분할 신청에 관한 설명이다. 옳지 않은 것은?

① 소유권이전, 매매 등을 위하여 필요한 경우나 토지이용상 불합리한 지상경계를 시정하기 위한 경우에 토지분할이 포함된 개발행위허가의 대상인 경우에는 개발행위허가 받기 이전에도 분할신청할 수 있다.

② 토지소유자는 지적공부에 등록된 1필지의 일부가 형질변경 등으로 용도가 변경된 경우에는 대통령령으로 정하는 바에 따라 용도가 변경된 날부터 60일 이내에 지적소관청에 토지의 분할을 신청하여야 한다.

*소유권이전, 매매 등을 위하여 필요한 경우나 토지이용상 불합리한 지상경계를 시정하기 위한 경우 **60일 이내**에 분할을 신청해야 한다 ×

③ 토지이용상 불합리한 지상 경계를 시정하기 위한 경우 분할을 하는 경우 지상건축물이 걸리게 분할할 수 없다.

④ 공공사업으로 도로를 개설하기 위하여 토지를 분할하는 경우에는 지상건축물이 걸리게 지상경계를 결정할 수 있다.

⑤ 1필지의 일부가 형질변경 등으로 용도가 변경되어 분할을 신청할 때에는 지목변경 신청서를 함께 제출하여야 한다.

⑥ 토지를 분할하는 경우 1필지의 지번은 분할 전의 지번으로 하고, 나머지 필지의 지번은 본번의 최종 부번 다음 순번으로 부번을 부여하여야 한다.

34 토지의 합병 신청에 관한 설명이다. 옳지 않은 것은?

① 합병하려는 토지의 지번부여지역, 지목 또는 소유자가 서로 다른 경우에는 합병 신청을 할 수 없다.

② 합병하려는 토지의 소유자별 공유지분이 다른 경우 합병할 수 없다.

③ 지적소관청이 주민등록표초본에 의해서 소유자가 동일인임이 확인된 경우에도 소유자의 주소가 다른 경우에는 합병할 수 없다.

④ 합병하려는 토지가 구획정리, 경지정리 또는 축척변경을 시행하고 있는 지역의 토지와 그 지역 밖의 토지인 경우에는 합병 신청을 할 수 없다.

⑤ 합병하려는 각필지가 서로 연접하지 않은 경우는 합병할 수 없다.

⑥ 소유권 · 지상권 · 전세권 또는 임차권의 등기에는 합병 신청을 할 수 있다.

⑦ 합병하려는 토지 전부에 대한 「부동산등기법」 제81조 제1항 각 호의 등기사항이 동일한 신탁등기가 존재할 경우 합병할 수 있다.

35 토지의 합병 신청에 관한 설명이다. 옳지 않은 것은?

① 요역지(要役地)에 대한 지역권의 등기에는 합병 신청을 할 수 없다.

② 합병하려는 토지 전부에 대한 등기원인(登記原因) 및 그 연월일과 접수번호가 다른 저당권(추가적공동저당)의 등기에는 합병 신청을 할 수 있다.

③ 토지소유자는 「주택법」에 따른 공동주택의 부지, 수도용지, 학교용지, 도로, 철도용지, 제방, 하천, 구거, 유지, 공장용지, 공원 · 체육용지 등 토지로서 합병하여야 할 토지가 있으면 그 사유가 발생한 날부터 60일 이내에 지적소관청에 합병을 신청하여야 한다.

④ 합병하려는 각 필지의 지목은 같으나 일부 토지의 용도가 다르게 되어 분할대상 토지인 경우에는 합병 신청을 할 수 없다.

⑤ 다만 ④의 경우 합병 신청과 동시에 토지의 용도에 따라 분할 신청을 하는 경우는 합병 신청할 수 있다.

⑥ 가압류, 가처분이 등기된 토지는 합병할 수 없다.

⑦ 지적소관청은 토지소유자의 합병신청에 의하여 토지의 이동이 있는 경우에는 지적공부를 정리하여야 하며, 이 경우에는 토지이동정리 결의서를 작성하여야 한다.

36 바다로 된 토지의 등록말소에 관한 설명으로 옳은 것은?

① 바다로 되어 말소된 토지가 지형의 변화 등으로 다시 토지가 된 경우 토지소유자
는 그 사유가 발생한 날부터 90일 이내에 토지의 회복등록을 지적소관청에 신청하
여야 한다.

② 토지가 바다로 된 경우에는 그 날로부터 90일 이내에 토지소유자가 지적소관청에
등록말소신청을 하여야 한다.

③ 지적소관청이 직권으로 등록말소를 할 경우에는 시 · 도지사의 승인을 받아야 하
며, 시 · 도지사는 그 내용을 승인하기 전에 토지소유자의 의견을 청취하여야 한다.

④ 지적소관청은 바다로 된 토지의 등록말소 신청에 의하여 토지의 표시 변경에 관한
등기를 할 필요가 있는 경우에는 지체 없이 관할 등기관서에 그 등기를 촉탁하여
야 한다.

⑤ 지적공부의 등록사항을 직권으로 말소하거나 회복등록을 한 지적소관청은 토지소
유자 및 시 · 도지사에게 통지하여야 한다.

37 축척변경의 절차에 관한 설명 중 옳은 것은?

① 지적소관청은 하나의 지번부여지역에 서로 다른 축척의 지적도 또는 임야도가 있
는 경우에는 토지소유자의 신청 또는 지적소관청의 직권으로 일정한 지역을 정하
여 그 지역의 축척을 변경할 수 있다.

② 지적소관청은 축척변경을 하려면 축척변경 시행지역의 토지소유자 2분의 1 이상
의 동의를 받아 축척변경위원회의 의결을 거친 후 시 · 도지사 또는 대도시 시장의
승인을 받아야 한다.

③ 지적소관청은 축척변경 시행기간 중에는 축척변경 시행지역의 지적공부정리와 경
계복원측량(경계점표지의 설치를 위한 경계복원측량은 제외한다)을 축척변경 확
정공고일까지 정지한다.

④ 지적소관청은 시 · 도지사 또는 대도시 시장으로부터 축척변경 승인을 받았을 때
에는 지체 없이 15일 이상 시행공고 하여야 한다.

⑤ 지적소관청은 시행공고가 된 날로부터 30일 이내에 시행공고일 현재 점유하고 있
는 경계에 국토교통부령으로 정하는 경계점표지를 설치하여야 한다.

⑥ 합병하려는 토지가 축척이 다른 지적도에 각각 등록되어 있어 축척변경을 하는 경
우에는 각 필지별 지번 · 지목 및 경계는 종전의 지적공부에 따르고 면적만 새로
정하여야 한다.

38 축척변경시 청산절차에 관한 설명 중 옳지 않은 것은?

① 축척변경위원회는 시행공고일 현재를 기준으로 당해 지역의 토지에 대하여 지번 별로 m²당 가격을 미리 조사하여 지적소관청에 제출하여야 한다.

② 필지별 증감면적이 허용범위 이내인 경우에는 청산하지 아니한다. 다만, 축척변경 위원회의 의결이 있는 경우는 청산한다.

　* 토지소유자 전원이 청산하지 아니하기로 합의하여 서면으로 제출한 경우에는 청산하지 아니한다. 다만, 축척변경위원회의 의결이 있는 경우는 청산한다 ×

③ 청산금을 산정한 결과 증가된 면적에 대한 청산금의 합계와 감소된 면적에 대한 청산금의 합계에 차액이 생긴 경우 초과액은 그 지방자치단체의 수입으로 하고, 부족액은 그 지방자치단체가 부담한다.

④ 지적소관청은 청산금을 산정하였을 때에는 청산금 조서를 작성하고, 청산금이 결정되었다는 뜻을 15일 이상 공고하여 일반인이 열람할 수 있게 하여야 한다.

⑤ 지적소관청은 청산금의 결정을 공고한 날부터 20일 이내에 토지소유자에게 청산금의 납부고지 또는 수령통지를 하여야 한다.

39 축척변경시 청산절차에 관한 설명 중 옳은 것은?

① 축척변경 시행지역의 토지는 토지의 표시가 지적공부에 등록된 때에 토지의 이동이 있는 것으로 본다.

　* 축척변경은 축척변경의 시행공고일에 토지의 이동이 이루어진 것으로 본다 ×

② 납부고지를 받은 자는 그 고지를 받은 날부터 3개월 이내에 청산금을 지적소관청에 내야 한다.

③ 지적소관청은 청산금을 지급받을 자가 행방불명 등으로 받을 수 없거나 받기를 거부할 때에는 그 청산절차를 중단한다.

④ 청산금이 납부 및 지급이 완료되었을 때에는 지적소관청은 지체없이 축척변경확정공고를 하여야 한다.

⑤ 청산금에 관하여 이의가 있는 자는 납부고지 또는 수령통지를 받은 날부터 1개월 이내에 축척변경위원회에 이의신청을 할 수 있다.

40 축척변경위원회의 구성 등에 관한 설명이다. 틀린 것은?

① 축척변경위원회는 5명 이상 10명 이하의 위원으로 구성하되, 위원의 2분의 1 이상을 토지소유자로 하여야 한다.

② 위원장은 위원 중에서 지적소관청이 지명한다.

　* 위원장은 위원 중에서 국토교통부장관이 지명한다 ×

③ 위원은 해당 축척변경 시행지역의 토지소유자로서 지역 사정에 정통한 사람과 지적에 관하여 전문지식을 가진 사람 중에서 지적소관청이 위촉한다.

④ 위원장은 축척변경위원회의 회의를 소집할 때에는 회의일시·장소 및 심의안건을 회의 개최 5일 전까지 각 위원에게 구두나 서면으로 통지하여야 한다.

⑤ 축척변경 시행지역의 토지소유자가 5명 이하일 때에는 토지소유자 전원을 위원으로 위촉하여야 한다.

41 다음 중 지적소관청이 지적공부를 직권정정할 수 없는 경우는?

① 지적측량적부심사에 따른 지적위원회의 의결에 의하여 지적공부의 등록사항을 정정하여야 하는 경우

② 면적의 단위가 척관법에서 미터법으로 변경됨에 따른 면적 환산이 잘못된 경우

③ 합병등기 각하에 따른 등기관의 통지가 있는 경우 따른 통지가 있는 경우(단, 지적소관청이 잘못 합병한 경우만)

④ 지적공부의 등록사항이 잘못 입력된 경우

⑤ 등기부상의 토지의 표시가 지적공부와 부합되지 아니한 경우

⑥ 지번별 조서와 다르게 정리된 경우

⑦ 청산금조서의 내용과 다르게 정리된 경우

42 지적공부의 등록사항의 정정에 관한 설명으로 옳은 것은?

① 지적소관청이 등록사항을 정정할 때 그 정정사항이 토지의 표시에 관한 사항인 경우에는 등기필정보, 등기완료통지서, 등기사항증명서 또는 등기관서에서 제공한 등기전산정보자료에 따라 정정하여야 한다.

② 정정으로 인하여 인접토지의 경계가 변경되는 경우에도 지적소관청이 직권으로 조사, 측량하여 정정할 수 있다.

③ 미등기 토지에 대하여 토지소유자의 성명 또는 명칭, 주민등록번호, 주소 등에 관한 사항의 정정을 신청한 경우로서 그 등록사항이 명백히 잘못된 경우에는 주민등록등초본에 의한다.

④ 지적소관청이 지적공부에 등록된 토지의 표시에 잘못이 있음을 발견한 때에는 7일 이내에 등록사항정정에 필요한 서류와 등록사항정정 측량성과도를 작성하고, 토지이동정리결의서를 작성한 후 대장의 사유란에 '등록사항정정대상토지'라고 기재하고, 토지소유자에게 등록사항정정신청을 하도록 그 사유를 통지하여야 한다.

⑤ 등록사항 정정대상토지에 대한 대장을 열람하게 하거가 등본을 발급하는 때에는 '등록사항정정대상토지'라고 기재한 부분을 흑백의 반전으로 표시하거나 붉은색으로 기재하여야 한다.

⑥ 정정으로 인접 토지의 경계가 변경되는 경우에도 인접 토지소유자의 승낙서가 제출되는 경우에는 등록사항정정 측량성과도는 제출할 필요가 없다.

43 도시개발사업 등의 시행에 따른 토지이동신청에 관한 설명으로 옳은 것은?

① 농어촌정비사업 등 토지개발사업과 관련하여 토지의 이동이 필요한 경우에는 해당 사업의 시행자가 15일 이내에 지적소관청에 토지의 이동을 신청하여야 한다.

② 「주택법」에 따른 주택건설사업의 시행자가 파산 등의 이유로 토지의 이동 신청을 할 수 없을 때에는 그 주택의 시공을 보증한 자 또는 토지소유자등이 신청할 수 있다.

③ 도시개발사업 등의 착수·변경 또는 완료 사실의 신고는 그 사유가 발생한 날로부터 15일 이내에 시, 도지사에게 신고하여야 한다.

④ 도시개발사업의 착수 또는 변경신고된 토지에 대해서는 그 사업이 완료 될 때까지 사업시행자 이외의 자는 토지이동을 신청할 수 없다.

⑤ 사업의 착수 또는 변경의 신고가 된 토지의 소유자가 해당 토지의 이동을 원하는 경우에는 해당 사업의 시행자에게 그 토지의 이동을 신청하도록 요청할 수도 있고 요청받은 사업시행자는 지체 없이 지적소관청에 토지의 이동을 신청하여야 한다.

⑥ 이경우의 토지의 이동은 공사가 착수한 때 이동이 있는 것으로 본다.

⑦ 「지역 개발 및 지원에 관한 법률」에 따른 지역개발사업, 「체육시설의 설치·이용에 관한 법률」에 따른 체육시설 설치를 위한 토지개발사업도 여기에 해당되지 않는다.

44 소유자의 정리에 관한 설명으로 옳지 않은 것은?

① 지적소관청은 토지의 이동이 있는 경우에는 토지이동정리 결의서를 작성하여야 하고, 토지소유자의 변동 등에 따라 지적공부를 정리하려는 경우에는 소유자정리 결의서를 작성하여야 한다.

② 신규등록하는 토지의 소유자는 지적소관청이 직접조사하여 등록한다.

③ 지적공부에 등록된 토지소유자의 변경사항은 등기관서에서 등기한 것을 증명하는 등기필정보, 등기완료통지서, 등기사항증명서 또는 등기관서에서 제공한 등기전산정보자료에 따라 정리한다.

  * 지적공부에 신규등록하는 토지소유자에 관한 사항은 등기관서에서 등기한 것을 증명하는 등기필증, 등기관서에서 제공한 등기전산정보자료에 따라 정리한다 ✕

④ 등기부에 적혀 있는 토지의 표시가 지적공부와 일치하지 아니하면 등기완료통지서에 따라 토지소유자를 정리할 수 있고 이 경우 토지의 표시와 지적공부가 일치하지 아니하다는 사실을 관할 등기관서에 통지(불부합통지)하여야 한다.

⑤ 지적소관청은 필요하다고 인정하는 경우에는 관할 등기관서의 등기부를 열람하여 지적공부와 부동산등기부가 일치하는지 여부를 조사·확인하여야 하며, (소유자가) 일치하지 아니하는 사항을 발견하면 등기사항증명서에 따라 지적공부를 직권으로 정리하거나, 토지소유자나 그 밖의 이해관계인에게 그 지적공부와 부동산등기부가 일치하게 하는 데에 필요한 신청 등을 하도록 요구할 수 있다.

45 '공간정보법상' 지적측량사유에 해당하지 않는 것은 몇 개인가?

> ㉠ 지적**기준점을** 정하는 경우 (기초측량)
> ㉡ 지적측량성과를 **검사**하는 경우 (검사측량)
> ㉢ **도시개발사업** 등의 시행지역에서 토지의 이동이 있는 경우 (지적확정측량)
> ㉣ 경계점을 지상에 **복원**하는 경우 (경계복원측량)
> ㉤ 지상건축물 등의 **현황**을 지적도 및 임야도에 등록된 경계와 대비하여 표시하는 데에 필요한 경우 (지적**현황**측량)
> ㉥ '지적재조사에 관한 특별법'에 따른 지적재조사사업에 따라 토지의 표시를 새로 정하기 위하여 실시하는 측량
> ㉦ 연속지적도에 의한 경계점을 지상에 표시하기 위해 측량을 하는 경우
> ㉧ 토지를 지목변경하는 경우
> ㉨ 지적공부의 재작성
> ㉩ 위성기준점 및 공공기준점을 설치하는 경우

① 2개 ② 3개 ③ 4개 ④ 5개 ⑤ 6개

46 **지적측량의뢰절차에 대한 설명이다. 옳은 것은?**

① 지적측량의 측량기간은 4일로 하며, 측량검사기간은 5일로 한다.

② 지적측량수행자는 지적측량 의뢰를 받은 때에는 측량기간, 측량일자 및 측량 수수료 등을 적은 지적측량 수행계획서를 그 지체없이 시·도지사에 제출하여야 한다.

③ 다만, 지적기준점을 설치하여 측량 또는 측량검사를 하는 경우 지적기준점이 14점 이하인 경우에는 5일을, 14점을 초과하는 경우에는 5일에 14점을 초과하는 4점마다 1일을 가산한다.

④ 위의 ④에도 불구하고 지적측량 의뢰인과 지적측량수행자가 서로 합의하여 따로 기간을 정하는 경우에는 그 기간에 따르되, 전체 기간의 5분의 3은 측량기간으로, 전체 기간의 5분의 2은 측량검사기간으로 본다.

⑤ 지적측량의뢰인과 지적측량수행자가 서로 합의하여 측량기간과 측량검사기간을 합쳐 40일로 정한 때에는 측량기간은 30일이고 측량검사기간은 10일이다.

47 **지적측량성과의 검사에 관한 설명이다. 틀린 것은?**

① 지적측량수행자가 지적측량을 하였으면 시·도지사, 대도시 시장 또는 지적소관청으로부터 측량성과에 대한 검사를 받아야 한다.

  * 지적측량을 실시한 때에는 지적측량의뢰인이 시, 도지사나 지적소관청에게 측량성과를 검사받아야 한다 ✕

② 지적삼각점측량성과 및 국토교통부장관이 정하는 면적규모 이상의 경위의측량방법으로 실시한 지적확정측량성과인 경우에는 시·도지사 또는 대도시시장이 검사한다.

③ 국토교통부장관이 정하는 면적규모 미만의 경위의측량방법으로 실시한 지적확정측량성과인 경우에는 지적소관청이 검사한다.

④ 경계복원측량 및 지적현황측량은 측량성과를 검사받지 않는다(지적공부를 정리하지 않는다).

⑤ 시·도지사 또는 대도시 시장이 지적삼각점측량성과 및 경위의측량방법으로 실시한 지적확정측량성과에 대한 검사를 하였을 때에는 그 결과를 토지소유자에게 통지하여야 한다.

48 **지적측량의 적부심사에 관한 설명이다. 옳은 것은?**

① 토지소유자, 이해관계인 또는 지적측량수행자(지적측량업자 + 한국국토정보공사)는 지적측량성과에 대하여 다툼이 있는 경우에는 대통령령으로 정하는 바에 따라 관할 시·도지사를 거쳐 지방지적위원회에게 지적측량 적부심사를 청구할 수 있다.

② 지적측량 적부심사청구를 받은 지적소관청은 30일 이내에 지방지적위원회에 회부하여야 한다.

③ 지적측량 적부심사청구를 회부받은 지방지적위원회는 그 심사청구를 회부받은 날부터 60일 이내에 심의·의결하여야 한다. 다만, 부득이한 경우에는 그 심의기간을 지적소관청이 직권으로 30일 이내에서 한 번만 연장할 수 있다.

④ 지방지적위원회는 의결한 때에는 전원 서명날인한 의결서를 작성하여 10일 내에 시, 도지사에게 송부하여야 한다.

⑤ 지방지적위원회는 의결서를 받은 날부터 7일 이내에 지적측량 적부심사 청구인 및 이해관계인에게 그 의결서를 통지하여야 한다.

⑥ 의결서를 받은 자가 지방지적위원회의 의결에 불복하는 경우에는 그 의결서를 받은 날부터 90일 이내에 시, 도지사를 거쳐 중앙지적위원회에 재심사를 청구할 수 있다.

49 **지적위원회에 관한 설명이다. 옳지 않은 것은?**

① 중앙지적위원회는 위원장 1명과 부위원장 1명을 포함하여 5명 이상 10명 이하의 위원으로 구성한다.

② 위원장은 국토교통부소속의 지적담당국장이, 부위원장은 국토교통부의 지적업무 담당 과장이 되며, 간사는 국토교통부 지적업무 담당공무원 중에서 국토교통부장관이 임명한다.

③ 중앙지적위원은 지적에 관한 학식과 경험이 풍부한 사람 중에서 국토교통부장관이 임명하거나 위촉한다.

④ 위원장 및 부위원장을 포함한 위원의 임기는 2년으로 한다.

⑤ 지적측량에 대한 적부심사(適否審查) 청구사항을 심의·의결하기 위하여 국토교통부에 중앙지적위원회를 두고, 시, 도 소속에 지방지적위원회를 둔다.

⑥ 중앙지적위원회는 관계인을 출석하게 하여 의견을 들을 수 있으며, 필요하면 현지조사할 수 있다.

⑦ 중앙지적위원회가 현지조사를 하려는 경우에는 관계 공무원을 지정하여 현지조사를 하고 그 결과를 보고하게 할 수 있으며, 필요할 때에는 지적측량수행자에게 그 소속 지적 기술자를 참여시키도록 요청할 수 있다.

⑧ 중앙지적위원회의 위원에게는 예산의 범위에서 출석수당과 여비, 그 밖의 실비를 지급할 수 있다. 다만, 공무원인 위원이 그 소관 업무와 직접적으로 관련되어 출석하는 경우에는 그러하지 아니하다.

50 공간정보의 구축 및 관리에 관한 법령상 토지의 조사, 등록에 관한 설명으로 가장 올바른 것은?

① 시, 도지사는 모든 토지에 대하여 필지별로 소재, 지번, 지목, 면적, 경계 또는 좌표 등을 조사, 측량하여 지적공부에 등록하여야 한다.

② 지적공부에 등록하는 지번·지목·면적·경계 또는 좌표는 토지의 이동이 있을 때 토지소유자의 신청을 받아 지적소관청이 결정한다. 다만 신청이 없으면 지적소관청이 직권으로 조사, 측량하여 결정할 수 있다.

③ 지적소관청은 토지이동현황을 직권으로 조사, 측량하여 토지의 소재·지번·지목·면적·경계 또는 좌표를 결정하려는 때에는 토지이동현황 조사계획을 수립하여 시·도지사 또는 대도시 시장의 승인을 받아야 한다.

④ 토지이동현황 조사계획은 해당 읍·면·동별로 수립하여야 하며, 부득이한 경우에는 시·구·구별 단위로도 수립할 수 있다.

⑤ 지적소관청은 토지이동현황조사결과에 따라 토지의 이동현황을 조사한 때에는 토지이용조사부에 토지의 이동현황을 적어야 한다.

⑥ 지적소관청은 지적공부를 정리하려는 때에는 토지이동 조사부를 근거로 토지이동조서를 작성하여 토지이동정리 결의서에 첨부하여야 하며, 토지이동조서의 아래 부분 여백에 "「공간정보의 구축 및 관리 등에 관한 법률」 제64조 제2항 단서에 따른 직권정리"라고 적어야 한다.

51 다음 중 소유권보존등기 신청에 관한 설명으로 옳은 것은?

① 소유권보존등기는 단독신청이지만 소유권보존등기의 말소등기는 공동으로 신청한다.

② 미등기 토지를 토지대장상의 소유자로부터 증여받은 자는 직접 자기명의로 소유권보존등기를 신청할 수 있다.

③ 지적공부상 국가로부터 이전등록을 받은 자는 국가 명의의 보존등기를 거쳐 이전등기를 하여야 한다.

④ 토지대장, 임야대장 또는 건축물대장에 최초의 소유자로 등록되어 있는 자의 특정 수증자는 직접 소유권보존등기를 할 수 있다.

⑤ 미등기토지에 관한 소유권보존등기는 수용으로 인해 소유권을 취득했음을 증명하는 자도 신청할 수 있다.

52 다음 중 소유권보존등기 신청에 관한 설명으로 옳은 것은?

① 보존등기의 신청정보에는 등기원인을 '공유수면의 매립'으로, 등기원인일자는 '준공검사일'을 기록하여야 한다.

② 소유권을 증명하는 판결은 소유권확인판결에 한한다.

③ 토지대장상 공유인 미등기토지에 대한 공유물분할판결도 이에 해당하나, 이 경우 판결에 따라 분필한 후 소유권보존등기를 신청하여야 한다.

④ 당해 부동산이 보존등기신청인의 소유임을 이유로 소유권보존등기의 말소를 명한 판결로 소유권보존등기를 할 수 없다.

⑤ 건축물대장상의 소유자 표시가 공란으로 되어있는 경우, 국가를 상대로 소유권확인판결을 받은 자는 판결정본을 첨부하여 소유권보존등기를 신청할 수 있다.

53 다음 중 소유권보존등기 신청에 관한 설명으로 옳은 것은?

① 포괄유증의 목적 부동산이 미등기인 경우, 유언집행자가 상속인 명의로 소유권보존등기를 한 다음 유증을 원인으로 한 소유권이전등기를 신청해야 한다.

② 토지대장의 소유자 표시란이 공란이거나 소유자 표시에 일부 누락이 있어 대장상 소유자를 특정할 수 없는 경우에는 국가를 상대로 소유권확인 판결을 받아 보존등기를 신청하여야 한다.

③ 甲과 乙이 공동투자하여 신축한 건물의 소유권보존등기는 甲과 乙이 공동신청한다.

④ 특별자치도지사 시·군·구청장이 발급한 사실확인서로서 자기의 소유권을 증명하는 자는 토지 소유권보존등기를 신청할 수 있다.

⑤ 토지대장상 최초의 소유자인 甲의 미등기 토지가 상속된 경우, 甲 명의로 보존등기를 한 후 상속인명의로 소유권이전등기를 한다.

⑥ 민법상 조합의 명의로 소유권보존등기를 신청할 수 있다.

54 甲이 그 소유의 부동산을 乙에게 매도한 경우에 관한 설명으로 틀린 것은?

① 등기관이 소유권의 일부에 관한 이전등기를 할 때에는 이전되는 지분을 기록하여야 하고, 그 등기원인에 분할금지약정이 있을 때에는 그 약정에 관한 사항도 기록하여야 한다.

② 乙은 甲의 위임을 받으면 그의 대리인으로서 소유권이전등기를 신청할 수 있다.

③ 乙이 소유권이전등기신청에 협조하지 않는 경우, 甲은 乙에게 등기신청에 협조할 것을 소구(訴求)할 수 있다.

④ 甲이 소유권이전등기신청에 협조하지 않는 경우, 乙은 승소판결을 받아 단독으로 소유권이전등기를 신청하는 경우 등기필정보를 제공하여야 한다.

⑤ 소유권이전등기가 마쳐지면, 乙은 등기신청을 접수한 때 부동산에 대한 소유권을 취득한다.

⑥ 매매를 등기원인으로 하는 소유권이전등기를 신청할 때에는 매도인과 매수인인 주소증명정보를 제공하여야 한다.

⑦ 소유권이전등기는 갑구에 주등기로 하며, 종전의 소유권등기는 말소하지 않는다.

55 공동소유의 등기에 관할 설명으로 옳은 것은?

① 부동산의 공유지분위에 저당권이나 가압류를 설정을 할 수 없다.

② 공유물의 소유권등기에 부기등기된 분할금지약정의 변경등기는 공유자의 1인이 단독으로 신청할 수 있다.

③ 종중 명의로 신청하는 경우, 종중의 대표자가 등기권리자가 될 수 있다.

④ 법인 아닌 사단 A 명의의 부동산에 관해 A가 B에게 매매를 원인으로 이전등기를 신청하는 경우, 특별한 사정이 없는 한 A의 사원총회 결의가 있음을 증명하는 정보를 제출하여야 한다.

⑤ 합유자 중 1인이 다른 합유자 전원의 동의를 얻어 합유지분을 처분하는 경우, 지분이전등기를 신청할 수 있다.

⑥ 공유자 중 1인의 지분포기로 인한 소유권이전등기는 지분을 포기한 공유자가 단독으로 신청한다.

⑦ 건물의 특정부분이 아닌 공유지분에 대한 전세권설정등기를 할 수 있다.

56 상속 또는 유증으로 인한 소유권이전등기에 관한 설명으로 옳은 것은?

① 공동상속인 중의 1인은 공유물의 보존행위로서 상속인 모두를 위하여 상속등기를 신청할 수 없다.

② 포괄유증받은 자가 여러 명인 경우 그중 일부의 자가 자신의 유증지분에 대하여 먼저 소유권이전등기를 신청한 경우 각하하여야 한다.

③ 특정유증으로 인한 소유권이전등기는 유언집행자가 등기의무자, 수증자가 등기권리자가 되어 공동으로 신청하나 포괄유증에 의한 소유권이전등기는 단독으로 신청한다.

④ 유증으로 인한 소유권이전등기는 포괄유증이든 특정유증이든 상속등기를 거치지 아니하고 유증자로부터 직접 수증자 명의로 등기를 신청할 수 있다.

⑤ 유증으로 인한 소유권이전등기 전에 상속등기가 이미 경료된 경우에는 상속등기를 말소하고 상속인으로부터 유증으로 인한 소유권이전등기를 신청할 수 있다.

⑥ 甲이 그 명의로 등기된 부동산을 乙에게 매도한 뒤 단독상속인 丙을 두고 사망한 경우 丙은 자신을 등기의무자로 하여 甲에서 직접 乙로의 이전등기를 신청할 수 없다.

57 수용에 의한 소유권이전등기에 관한 설명으로 틀린 것은?

① 국가 및 지방자치단체에 해당하지 않는 등기권리자는 재결수용으로 인한 소유권이전등기를 단독으로 신청할 수 있다.

② 토지수용의 재결의 실효를 원인으로 하는 토지수용으로 인한 소유권이전등기 말소신청은 단독으로 신청한다.

③ 등기관이 수용으로 인한 소유권이전등기를 하는 경우 그 부동산의 등기기록 중 소유권, 소유권 외의 권리, 그 밖의 처분제한(가압류, 가처분)에 관한 등기가 있으면 그 등기를 직권으로 말소하여야 한다.

  * 수용에 의한 등기를 실행한 경우 수용 전에 실행된 처분금지가처분등기나 가압류등기는 직권으로 말소할 수 없다 ×

④ 토지수용으로 인한 소유권이전등기를 하는 경우에는 수용의 개시일 이후에 경료된 소유권이전등기로서 상속을 원인으로 한 소유권이전등기는 등기관이 직권으로 말소되지 않는다.

⑤ 토지수용시 그 부동산을 위하여 존재하는 지역권의 등기 또는 토지수용위원회의 재결(裁決)로써 존속(存續)이 인정된 권리의 등기는 직권말소되지 않는다.

⑥ 甲소유 토지에 대해 사업시행자 乙이 수용보상금을 지급한 뒤 乙 명의로 재결수용에 기한 소유권이전등기를 하는 경우, 수용개시일 후 甲이 丙에게 매매를 원인으로 경료한 소유권이전등기는 직권 말소된다.

58 **환매권등기에 관한 설명으로 틀린 것은?**

① 환매의 등기는 매도인이 등기권리자, 매수인이 등기의무자로서 신청하고, 당사자의 특약이 있는 경우에는 제3자를 환매권리자로 하는 환매권등기신청은 불가능하다.

② 환매특약의 등기신청은 매매로 인한 소유권이전등기신청과는 동시에 신청하나 별개의 신청정보에 의하여야 한다.

③ 환매특약의 등기를 신청하는 경우 신청정보의 내용으로 매수인이 지급한 대금, 매매비용은 필요적기록사항이나 환매기간은 임의적기록사항이다.

④ 환매권의 행사에 따른 권리취득의 등기를 하였을 때에는 환매특약의 등기는 등기관이 직권으로 말소한다.

⑤ 환매권이 행사 없이 존속기간의 경과 또는 당사자 사이의 합의 등으로 환매권이 소멸하는 경우 단독신청으로 환매특약등기를 말소할 수 있다.

⑥ 환매특약등기는 갑구에 부기등기형식으로 행한다.

⑦ 환매등기를 경료한 후 환매기간이 경과하기 전에 환매권자가 다른 원인으로 해당 부동산에 대한 소유권을 취득함으로써 환매권이 혼동으로 소멸한 경우에는 등기관이 직권으로 환매등기를 말소한다.

59 **신탁등기에 관한 설명이다. 틀린 것은?**

① 신탁등기와 신탁등기의 말소등기는 수탁자가 단독으로 신청한다.

  * 수익자 또는 위탁자는 수탁자를 대위하여 신탁등기를 신청할 수 있다. 이 경우 동시에 신청할 필요는 없다 ○

② 신탁등기의 신청은 해당 신탁으로 인한 권리의 이전 또는 보존이나 설정등기의 신청과 함께 1건의 신청정보로 일괄하여 하여야 한다. * 별개의 신청정보제공 ×

③ 신탁등기의 신청은 해당 신탁으로 인한 권리의 이전 또는 보존이나 설정등기의 신청과 동시에 하여야 한다.

④ 등기관이 권리의 이전 또는 보존이나 설정등기와 함께 신탁등기를 할 때에는 하나의 순위번호를 사용하여야 한다. * 다른 순위번호 ×

⑤ 수탁자가 여러 명인 경우 등기관은 신탁재산이 공유인 뜻을 기록하여야 한다.

⑥ 농지에 대하여 신탁법상 신탁을 등기원인으로 하여 소유권이전등기를 신청하는 경우, 신탁의 목적에 관계없이 농지취득자격증명을 첨부하여야 한다.

60 용익권등기에 대한 설명으로 옳은 것은?

① 갑과 을이 공유하는 토지에 대하여 갑이 가지는 2분의 1 지분을 목적으로 하는 구분지상권설정등기도 가능하다.

② 구분지상권에 있어 지하나 공간의 상하의 범위는 평균해면 또는 지상권을 설정하는 토지의 특정지점을 포함한 수평면을 기준으로 하여 이를 명백히 하여야 하므로 도면을 제공하여야 한다.

③ 등기관이 승역지의 등기기록에 지역권설정의 등기를 할 때에는 지역권설정의 목적, 범위, 요역지표시에 관한 사항을 기록하여야 한다.

④ 존속기간은 불확정기간으로 정할 수 없으므로 지상권, 임차권의 존속기간을 '철탑 존속기간'으로 한다고 한 등기도 무효이다.

⑤ 지역권설정은 요역지 관할등기소에 신청하면, 승역지의 지역권의 등기사항은 등기관이 직권으로 기록하여야 한다.

⑥ 요역지의 소유권이 이전된 경우, 지역권 이전의 효력이 발생하기 위해서는 원칙적으로 지역권이전등기를 하여야 한다.

61 용익권등기에 대한 설명으로 옳은 것은?

① 지상권이전등기를 신청하는 경우 토지소유자의 승낙정보를 첨부하여야 한다.

② 승역지의 전세권자가 지역권을 설정해 주는 경우, 그 지역권등기는 전세권등기에 주등기로 한다.

③ 지상권설정등기를 신청할 때 그 범위가 토지의 일부인 경우, 그 부분을 표시한 토지대장을 첨부정보로 등기소에 제공하여야 한다.

④ 전세금반환채권의 일부 양도를 원인으로 하는 전세권 일부이전등기의 신청은 전세권 소멸의 증명이 없는 한, 전세권 존속기간 만료 전에는 할 수 없다.

⑤ 전세금반환채권의 일부 양도를 원인으로 전세권 일부이전등기 주등기로 행하여진다.

⑥ 2개 이상의 부동산에 관하여 전세권설정등기를 실행할 때에는 등기관이 공동전세목록을 작성하여야 한다.

62 (근)저당권등기에 관한 설명으로 틀린 것은?

① 등기관이 저당권설정의 등기를 할 때에는 반드시 채권액, 채무자의 성명, 주소 사항을 기록하여야 한다. 다만, 변제기, 이자 등은 등기원인에 그 약정이 있는 경우에만 기록한다.

② 근저당설정등기를 함에 있어 그 채권최고액은 반드시 구분하게 기재하여야 하고, 그 근저당권의 채권자 또는 채무자가 수인일지라도 각 채권자 또는 채무자별로 채권최고액을 단일하여 기재할 수 없다.

③ 채무자와 저당권설정자가 동일한 경우에도 등기기록에 채무자를 표시하여야 한다.

④ 근저당권이 이전된 후 근저당권의 양수인은 소유자인 근저당설정자와 공동으로 그 근저당권말소등기를 신청 할 수 있다.

⑤ 저당권설정등기는 을구에 주등기로 실행하나, 지상권, 전세권을 목적으로 하는 경우에는 그 권리의 등기에 부기등기로 실행한다.

⑥ 甲과 乙이 공유하는 토지에 대하여 그 토지의 일부만 저당권등기를 신청할 때에는 그 부분을 표시한 도면을 첨부하여야 한다.

63 (근)저당권등기에 관한 설명으로 옳은 것은?

① 저당권의 이전등기는 항상 부기등기 형식으로 행하여지고, 변경 전 사항은 말소표시한다.

② 피담보채권의 일부양도를 이유로 저당권의 일부이전등기를 하는 경우, 등기관은 그 양도액도 기록할 필요가 없다.

③ 근저당권이전등기시 근저당권설정자가 물상보증인이더라도 그의 승낙서를 제공하여야 한다.

④ 저당권이 이전된 후에 말소등기를 신청하는 경우 '말소할 등기'의 표시로는 부기등기인 저당권이전등기를 적어야 한다.

⑤ 근저당권의 피담보채권액이 확정되기 전에 근저당권의 기초가 되는 기본계약상의 채권자 지위가 제3자에게 전부 또는 일부 양도된 경우, 그 양도인 또는 양수인은 채권양도를 등기원인으로 하여 근저당권이전등기를 신청할 수 있다.

64 **(근)저당권등기에 관한 설명으로 옳은 것은?**

① 근저당권설정등기시 피담보채권의 변제기는 등기사항이 아니다.

② 일정한 금액을 목적으로 하지 않는 채권을 담보하기 위한 저당권설정등기는 불가능하다.

③ 근저당권설정등기 이후에 소유권이 제3자에게 이전된 경우에는 제3취득자와 근저당권설정자가 공동으로 그 말소등기를 신청할 수 있다.

④ 저당권에서 이자는 임의적기록사항이나 근저당권에서 이자는 필요적 기록사항이다.

⑤ 근저당권의 약정된 존속기간은 등기사항이 아니다.

65 **다음 구분건물등기에 관한 설명으로 옳은 것은?**

① 등기관이 규약상 공용부분의 등기를 할 때에는 그 등기기록 중 전유건물의 해당 구에 공용부분이라는 뜻을 기록하고 각 구의 소유권과 그 밖의 권리에 관한 등기를 말소하는 표시를 하여야 한다. * 구조상 공용부분에 관하여는 그 표제부만 둔다(×)

② 구분건물로서 그 대지권의 변경이 있는 경우에는 구분건물의 소유권의 등기명의인은 1동의 건물에 속하는 다른 구분건물의 소유권의 등기명의인을 대위하여 대지권의 변경 등기를 신청할 수 있다.

③ 등기관이 대지권등기를 하였을 때에는 건축물대장소관청의 촉탁으로 대지권의 목적인 토지의 등기기록에 소유권, 지상권, 전세권 또는 임차권이 대지권이라는 뜻을 기록하여야 한다. * 토지의 등기기록에 **표제부**에 대지권이라는 뜻을 기록하여야 한다 ×

④ 공용부분이라는 뜻을 정한 규약을 폐지함에 따라 공용부분의 취득자가 지체없이 소유권이전등기를 신청하는 경우에는 규약의 폐지를 증명하는 정보를 첨부정보로서 등기소에 제공하여야 한다.

⑤ 공용부분이라는 뜻의 등기를 말소는 공용부분의 취득자의 신청으로 한다.

66 다음 중 구분건물등기에 관한 설명으로 옳은 것은?

① 구분건물로 될 수 있는 객관적 요건을 갖춘 경우(구조상 독립성 및 이용상독립성)에 건물소유자는 구분건물로만 등기를 하여야 한다.

② 대지권을 등기한 후에 한 건물의 권리에 관한 등기는 대지권에 대하여 동일한 등기로서 효력이 있다.

③ 구분건물 등기기록의 경우 1동의 건물에는 표제부만 두고, 전유부분에는 갑구, 을구만 둔다.

④ 구분건물에 대지권이 있는 경우 등기관은 1동건물 표제부에는 대지권의 표시를 기록하고, 전유부분의 등기기록의 표제부에는 대지권의 목적인 토지의 표시를 기록한다.

⑤ 대지권에 대한 등기로서의 효력이 있는 등기와 대지권의 목적인 토지의 등기기록 중 해당 구에 한 등기의 순서는 순위번호에 따른다.

67 변경등기에 관한 설명으로 옳지 않은 것은?

① 부동산 표시변경이나 경정등기나 등기명의인 표시변경등기는 등기의무자가 존재하지 아니하며, 이해관계인 있는 제3자의 승낙서 등을 첨부정보로 제공하지 않아도 된다.

② 등기명의인 표시변경등기는 등기명의인이 단독으로 신청하며, 항상 부기등기에 의하여 실행하고 변경전의 사항은 말소한다.

③ 소유권이전등기를 신청하는 경우 첨부정보에 의하여 등기의무자의 주소변경사실이 명백한 경우 등기명의인표시 변경등기도 동시에 신청하여야 한다.

　*소유권이전청구권보전가등기를 신청하는 경우 전 소유자의 주소변경등기는 직권으로 하여야 한다 ×

④ 건물의 분필, 합필등기, 면적증감이 있는 경우 등기명의인이 1개월 이내에 등기를 신청하여야 하고 이를 위반해도 과태료는 없다.

⑤ 건물의 구조가 변경된 경우에는 변경등기를 신청하기 전에 먼저 건축물대장의 기재사항을 변경하여야 하며 주등기 형식으로 행해진다.

68 변경등기에 관한 설명으로 옳은 것은?

① 권리변경등기에서 이해관계인의 승낙서를 첨부하지 못하면 등기관은 등기신청을 각하 하여야 한다.

② 권리의 변경등기를 주등기로 하는 경우에는 변경 전 사항을 말소한다.

③ 등기명의인의 주소가 수차례 변경된 경우에는 중간 주소변경등기를 생략하고 바로 최종 주소지로 변경등기를 신청 할 수 있다.

④ 권리변경등기를 부기등기로 한 경우 변경 전의 사항은 말소 안 한다.

⑤ 소유권의 등기명의인 표시변경등기는 주등기로 하고, 저당권의 등기명의인 표시변경등기는 부기등기로 한다.

69 경정등기에 관한 설명 중 옳지 않은 것은?

① 등기관이 등기를 마친 후 그 등기에 착오나 빠진 부분을 있음을 발견하였을 때에는 지체 없이 그 사실을 등기권리자와 등기의무자에게 알려야 하는데, 2인 이상인 경우에는 1인에게 통지하면 된다.

  * 등기관이 직권경정등기를 하였을 때에는 그 사실을 등기권리자나 등기의무자 중 일방에게 알려야 한다×

② 전세권설정등기를 하기로 합의 하였으나 당사자의 신청착오로 임차권으로 등기된 경우 그 불일치는 경정등기로 시정할 수 없다.

③ 권리자가 甲 인데도 불구하고 당사자의 신청착오로 乙 명의로 등기된 경우, 그 불일치를 경정등기로 시정할 수 없다.

④ 직권경정등기를 할 때 등기상 이해관계 있는 제3자가 있는 경우에는 제3자의 승낙을 받아 부기등기로 할 수 있으며, 승낙을 받지 못한 경우에는 주등기로 하여야 한다.

⑤ 법인 아닌 사단을 법인으로 경정하는 등기를 신청하는 등 동일성을 해하는 등기명의인표시경정등기 신청은 수리할 수 없다.

⑥ 등기사항의 일부가 부적법하게 된 경우에는 일부말소 의미의 경정등기를 할 수 있다.

  * 甲과 乙의 공유인 미등기건물을 甲단독명의로 소유권보존등기를 마친 경우, 甲과 乙의 공유가 되도록 경정등기를 신청할 수 있다(○)

⑦ 폐쇄등기부에 기록된 사항도 변경등기나 경정등기를 할 수 없다.

70 다음은 말소등기에 대한 설명이다. 옳지 않은 것은?

① 등기명의인인 사람의 사망 또는 법인의 해산으로 권리가 소멸한다는 약정이 등기되어 있는 경우에 사람의 사망 또는 법인의 해산으로 그 권리가 소멸하였을 때에는, 등기권리자는 그 사실을 증명하여 단독으로 해당 등기의 말소를 신청할 수 있다.

② 등기권리자가 등기의무자의 소재불명시 「민사소송법」에 따라 공시최고(公示催告)를 신청할 수 있고, 제권판결(除權判決)이 있으면 등기권리자가 그 사실을 증명하여 단독으로 등기의 말소를 신청할 수 있다.

* 말소할 권리가 전세권 또는 저당권인 경우에 소재불명시 전세금반환증서 또는 영수증에 의하여 단독으로 말소등기를 신청할 수 있다×

③ 말소등기신청의 경우에 '등기상 이해관계 있는 제3자'란 등기의 말소로 인하여 손해를 입을 우려가 있다는 것이 등기기록에 의하여 형식적으로 인정되는 자를 말한다.

④ 등기관이 등기를 마친 후 그 등기가 제29조 제1호 또는 제2호에 해당된 것임을 발견하였을 때에는 등기권리자, 등기의무자와 등기상 이해관계 있는 제3자에게 1개월 이내의 기간을 정하여 그 기간에 이의를 진술하지 아니하면 등기를 말소한다는 뜻을 통지하여야 한다.

⑤ 말소등기 신청시 등기의 말소에 대하여 등기상 이해관계 있는 제3자의 승낙이 있는 경우, 그 제3자 명의의 등기는 등기권리자의 단독신청으로 말소된다.

⑥ 피담보채무의 소멸을 이유로 근저당권설정등기가 말소되는 경우, 채무자를 추가한 근저당권 변경의 부기등기는 직권으로 말소된다.

71 말소등기에 관한 설명으로 옳지 않은 것은?

① 甲 → 乙 → 丙으로 순차 소유권이전등기가 된 경우 丙의 승낙서를 첨부하여 乙 명의의 소유권이전등기를 말소 하여야 한다.

② 지상권의 존속기간이 만료된 경우, 토지소유자는 그 지상권자와 공동으로 말소등기를 신청할 수 있다.

③ 가등기의무자 또는 등기상의 이해관계인은 신청정보에 가등기명의인의 승낙서 또는 이에 대항할 수 있는 재판의 등본을 첨부한 때에는 가등기의 말소를 신청할 수 있다.

④ 환매권 행사에 의한 권리취득의 등기를 하였을 때에는 환매특약등기는 직권으로 말소한다.

⑤ 가처분등기 이후에 된 등기로서 가처분채권자의 권리를 침해하는 제3자의 등기의 말소는 가처분채권자의 단독신청으로 말소한다.

⑥ 수용으로 인한 소유권이전등기를 하는 경우, 등기권리자는 그 목적물에 설정되어 있는 근저당권설정등기의 말소등기를 단독으로 신청하여야 한다.

⑦ 말소등기는 언제나 주등기로 한다.

72 직권으로 말소할 수 없는 등기는?

① 가압류채권자 乙의 등기신청에 의해 甲소유 토지에 마쳐진 가압류등기
② 공유물분할금지기간을 8년으로 정한 공유물분할금지약정의 등기
③ 토지의 일부에 대한 소유권보존등기
④ 여러 명의 가등기권리자 중 1인의 전원명의로 본등기가 된 경우
⑤ 무권대리인의 신청에 의하여 이루어진 소유권이전등기

73 다음 중 말소회복등기에 관한 설명으로 틀린 것은? (이론시 판례에 의함)

① 전부말소회복등기는 주등기 형식으로 하고, 전세권등기의 전세금이 불법하게 감액된 경우 등 일부의 말소회복등기는 부기등기로 한다.
② 등기관이 직권으로 말소한 등기가 부적법한 경우에는 회복등기의 소를 제기하여 그 판결에 따라 회복등기를 하여야 한다.
③ 당사자가 자발적으로 신청하여 말소한 등기의 회복은 허용하지 아니한다.
④ 말소회복등기와 양립이 가능한 자만이 회복등기절차에 있어서의 이해관계인에 해당된다.
⑤ 말소회복등기에 있어서 이해관계인의 판단기준으로서 손해를 입을 우려가 있는지의 여부는 제3자의 권리취득등기시(말소등기시)를 기준으로 할 것이 아니라 회복등기시를 기준으로 판별하여야 한다.
⑥ 불법하게 말소된 저당권설정등기의 회복등기청구는 현재의 소유자가 아닌 말소당시의 소유자를 상대로 하여야 한다.

74 다음 중 말소회복등기에 대한 등기상 이해관계 있는 제3자는?

① 전세권등기를 회복함에 있어서 그 전세권을 목적으로 하였던 저당권자
② 후순위 전세권등기를 회복함에 있어서 선순위의 저당권자
③ 2번 소유권이전등기를 회복시 순위 3번으로 이전등기를 경료한 소유권의 등기명의인
④ 순위 1번 지상권등기를 회복함에 있어서 순위 2번으로 등기한 지상권자
⑤ 순위 1번의 전세권등기를 회복함에 있어서 그 전세권의 말소등기 전에 설정등기를 한 순위 2번의 저당권자

75 다음 중 부기등기에 의하여 실행되는 경우는 몇 개인가?

> ㉠ 부동산표시의 변경이나 경정의 등기(지목변경, 면적변경등기, 토지분필등기 등)
> ㉡ 소유권 외의 권리의 이전등기(전세권이전등기 등)
> ㉢ 소유권 외의 권리를 목적으로 하는 권리에 관한등기(전세권목적의 저당권설정등 기, 권리질권등기)
> ㉣ 권리의 변경이나 경정의 등기(이해관계 있는 제3자의 승낙이 없는 경우)
> ㉤ 전세권설정등기
> ㉥ 대지권이 있다는 뜻의 등기
> ㉦ 소유권에 대한 처분제한등기(가압류, 가처분)
> ㉧ 소유권에 관한 등기명의인표시변경, 경정등기(주소변경, 개명, 회사상호변경등기 등)
> ㉨ 멸실등기

① 2개   ② 3개   ③ 4개   ④ 5개   ⑤ 6개

76 다음은 부기등기 대한 설명이다. 옳지 않은 것은?

① 지상권설정등기는 주등기로 하고, 지상권이전등기는 부기등기로 한다.
② 전세권설정등기는 주등기로 하지만, 전세권목적의 저당권설정등기는 부기등기로 한다.
③ 저당권(전세권)실행에 의한 경매기입등기는 부기등기로 한다.
④ 환매특약등기, 권리소멸약정등기, 공유물분할특약등기는 부기등기로 한다.
⑤ 대지권의 등기, 대지권이 있다는 뜻의 등기, 토지등기부에 별도등기 있다는 등기 는 주등기로 한다.
⑥ 등기관이 부기등기를 할 때에는 그 부기등기가 어느 등기에 기초한 것인지를 알 수 있도록 주등기 또는 부기등기의 순위번호에 가지번호를 붙여서 한다.

77 **가등기에 관한 설명 중 옳지 않은 것은?**

① 가등기에 기한 본등기는 가등기의 아래에 기록하되 가등기의 순위번호를 사용하여 본등기를 하여야 한다.

  * 소유권보존청구권보전가등기는 갑구에 주등기형식으로 행하여진다×

② 가등기권리자는 가등기의무자의 승낙이 있거나 가등기를 명하는 부동산 소재지 법원의 가처분명령(假處分命令)이 있을 때에는 단독으로 가등기를 신청할 수 있다.

  * 가등기를 명하는 가처분명령은 가등기권리자의 **주소지를** 관할하는 지방법원이 할 수 있다.×

③ 가등기의무자 또는 이해관계인은 가등기명의인의 승낙을 받아 단독으로 가등기의 말소를 신청할 수 있다.

④ 가등기 명의인은 단독으로 가등기의 말소를 신청할 수 있다.

⑤ 국토계획 및 이용에 관한 법률에 의한 토지거래허가구역내의 토지에 대한 소유권 이전청구권보전 가등기를 신청시 토지거래허가정보를 제공하여야 한다.

  * 농지취득자격증명서와 검인계약서는 가등기시에 제공하여야 한다 ×

⑥ 매매예약완결권의 행사로 소유권이전청구권이 장래에 확정되게 할 경우, 이 청구권을 미리 보전하기 위한 가등기를 할 수 없다.

78 **가등기에 관한 설명 중 옳은 것은?**

① 물권적청구권을 보전하기 위해 가등기를 할 수 있다.

  * 원인행위의 무효로 인한 소유권말소등기청구권을 보전하기 위한 가등기는 할 수 없다○
  * 진정명의회복을 원인으로 하는 소유권이전청구권의 가등기는 할 수 없다○

② 소유권이전등기의 가등기는 갑구에 주등기로 행하여지며, 전세권설정등기의 가등기도 을구에 부기등기로 행하여진다.

③ 수인의 가등기권리자 중 그 일부의 사람이 일부 지분만에 대하여 본등기를 신청할 수 없다.

④ 가등기권리자중 1인이 전원명의로 가등기에 의한 본등기를 할 수 있다.

⑤ 가등기를 마친 후에 가등기의무자가 사망한 경우, 가등기의무자의 상속인은 상속등기를 할 필요 없이 상속을 증명하는 서면 등을 첨부하여 가등기권자와 공동으로 본등기를 신청할 수 있다.

⑥ 사인증여로 인하여 발생한 소유권이전등기청구권을 보전하기 위한 가등기는 할 수 없다.

79 다음 중 가등기에 기한 본등기를 함에 있어서 직권말소하는 등기는?

① 소유권이전청구권가등기에 기하여 본등기를 하는 경우 가등기 전에 완료된 저당 권설정등기에 기하여 임의경매 신청등기

* 소유권이전가등기 후 본등기시 가등기권자에게 대항할 수 있는 주택임차권등기는 직권 으로 말소할 수 없다 ○

② 소유권이전청구권가등기에 기하여 본등기를 하는 경우 가등기 후 본등기 전에 완 료된 해당 가등기의 처분제한등기

③ 저당권설정청구권가등기에 기하여 본등기를 하는 경우 당해 가등기 후 본등기 전 에 완료된 동일범위의 저당권설정등기

④ 임차권설정청구권가등기에 기하여 본등기를 하는 경우 가등기 후 본등기 전에 완 료된 저당권설정등기

⑤ 지상권설정청구권가등기에 기한 지상권설정등기를 하는 경우 가등기 후에 완료된 동일범위의 전세권설정등기

80 가등기에 관한 설명 중 틀린 것은?

① 소유권이전등기청구권이 시기부나 정지조건부일 경우, 그 청구권 보전을 위한 가 등기를 신청할 수 있다.

② 가등기를 명하는 법원의 가처분명령에 의하여 가등기를 하는 경우 등기의무자의 등기필정보를 등기소에 제공할 필요가 없다.

③ 가등기에 의하여 순위 보전의 대상이 되어 있는 물권변동청구권이 양도된 경우, 그 가등기상의 권리에 대한 이전등기를 할 수 있다.

④ 소유권이전청구권의 가등기를 한 후 그 소유권이전청구권을 양도한 경우 이전등 기는 주등기로 한다.

⑤ 가등기에 기한 본등기 시 양립할 수 있는 중간처분등기는 후 순위로 존속한다.

81 다음은 처분제한등기에 관한 설명이다. 옳은 것은?

① 가압류나 처분금지가처분등기 된 부동산에 대하여도 소유권이전등기를 신청할 수 없다.

　* 처분금지가처분등기가 되어 있는 토지에 대하여는 지상권설정등기를 신청할 수 없다✕

② 피보전권리가 전세권설정등기청구권인 경우, 소유명의인을 가처분채무자로 하는 경우에는 그 가처분등기는 등기기록 중 갑구에 한다.

③ 「민사집행법」에 따라 소유권이전 가처분등기 이후에 된 등기로서 가처분채권자의 권리를 침해하는 등기는 등기관이 직권으로 말소한다.

　* 처분금지가처분등기가 된 후, 가처분채무자를 등기의무자로 하여 소유권이전등기를 신청하는 가처분채권자는 그 가처분등기 후에 마쳐진 등기 전부의 말소를 단독으로 신청할 수 있다✕

④ 처분금지가처분권리자가 승소판결에 의하여 소유권이전등기를 하는 경우 가처분권리자의 해당 가처분등기는 집행법원의 촉탁에 의하여 말소하여야 한다.

⑤ 관공서가 경매로 인하여 소유권이전등기를 촉탁하는 경우, 등기기록과 대장상의 부동산 표시가 부합하지 않는 때에는 그 등기촉탁을 수리할 수 없다.

⑥ 관공서가 촉탁정보 및 첨부정보를 적은 서면을 제출하는 방법으로 등기촉탁하는 경우에는 우편으로 그 촉탁서를 제출할 수 없다.

82 등기신청의 당사자 능력과 관련된 설명 중 옳은 것은?

① 대표자나 관리인 있는 법인 아닌 사단이나 재단에 속하는 부동산에 관한 등기를 신청할 때에는 대표자를 등기권리자, 등기의무자로 한다.

② 법인 아닌 사단, 재단의 등기는 대표자 명의로 그 대표자나 관리인이 신청한다.

③ 국립대학교는 학교명의로 등기를 신청할 수 없지만, 사립대학교는 학교명의로 등기를 신청할 수 있다.

④ 특별법에 의하여 설립된 농업협동조합의 부동산은 조합원 전원명으로 합유 등기하여야 한다.

⑤ 동 명의로 동민들이 법인 아닌 사단을 설립한 경우에는 그 대표자가 동 명의로 등기신청을 할 수 있다.

⑥ 행정조직인 읍, 면도 등기의 당사자능력이 있다.

83 등기권리자와 등기의무자에 관한 설명으로 옳지 않은 것은?

① 甲 소유로 등기된 토지에 설정된 乙 명의의 근저당권을 丙에게 이전하는 등기를 신청하는 경우, 등기의무자는 乙이다.

② 부동산이 甲 ⇨ 乙 ⇨ 丙으로 매도되었으나 등기명의가 甲에게 남아 있어 丙이 乙을 대위하여 소유권이전등기를 신청하는 경우, 丙은 절차법상 등기권리자에 해당한다.

③ 甲에서 乙로, 乙에서 丙으로 순차로 소유권이전등기가 이루어졌으나 乙 명의의 등기가 원인무효임을 이유로 甲이 丙을 상대로 丙 명의의 등기 말소를 명하는 확정판결을 얻은 경우, 그 판결에 따른 등기에 있어서 등기권리자는 乙이다.

④ 甲이 자신의 부동산에 설정해 준 乙 명의의 저당권설정등기를 말소하는 경우, 乙이 절차법상 등기의무자에 해당한다.

⑤ 채무자 甲에서 乙로 소유권이전등기가 이루어졌으나 甲의 채권자 丙이 등기원인이 사해행위임을 이유로 그 소유권이전등기의 말소판결을 받은 경우, 그 판결에 따른 등기에 있어서 등기권리자는 甲이다.

84 다음 중 단독으로 신청할 수 없는 등기는?

㉠ 신탁등기 또는 신탁등기의 말소등기
㉡ 소유권보존등기(所有權保存登記) 또는 소유권보존등기의 말소등기(抹消登記)
㉢ 상속, 법인의 합병, 포괄승계(법인의 분할)에 따른 소유권이전등기
㉣ 부동산표시의 변경이나 경정(更正)의 등기(분합필등기, 지목변경등기 등)
㉤ 등기명의인표시의 변경이나 경정의 등기
㉥ 가등기 가처분 명령등기
㉦ 포괄승계인에 의한 등기신청(상속인의 등기신청)
㉧ 포괄(특정) 유증을 원인으로 하는 소유권이전등기
㉨ 승역지에 지역권설정등기를 하였을 경우, 요역지지역권등기

① ㉠, ㉢   ② ㉠, ㉥   ③ ㉡, ㉤, ㉧   ④ ㉢, ㉣   ⑤ ㉦, ㉧, ㉨

85 다음은 판결에 의하여 등기신청을 하는 경우에 관한 설명이다. 틀린 것은?

① 단독신청 할 수 있는 판결은 등기절차의 이행을 명하는 이행판결만을 의미하고 확인판결이나 형성판결은 포함되지 아니함이 원칙이다.

② 여기서 판결에는 소송상 화해조서, 민사에 관한 조정조서 및 공증인 작성의 공정증서도 포함되는 것이 원칙이다.

③ 소유권이전등기절차의 이행을 명하는 판결을 확정 받았다면 확정 후 10년이 경과하였어도 그 판결에 의한 소유권이전등기를 신청할 수 있다.

④ 소유권이전등기말소청구의 소를 제기하여 승소판결을 받은 자가 그 판결에 의한 등기신청을 하지 아니하는 경우 패소한 등기의무자가 그 판결에 기하여 직접 말소등기를 신청하거나 대위등기를 할 수는 없다.

⑤ 판결에 의하여 등기를 신청하는 경우 등기원인증서로써 판결정본과 확정증명을 첨부하여야 하지만 송달증명서는 첨부하지 않는다.

86 다음 중 등기신청정보의 필요적 기록내용으로만 된 것은?

① 임차권설정등기에 있어서의 차임, 범위 및 임차보증금

② 저당권설정등기에 있어서의 채권액과 채무자 및 이자

③ 지상권설정등기에 있어서의 목적, 범위와 지료

④ 환매특약등기에 있어서의 매매대금과 매매비용 및 환매기간

⑤ 근저당권설정등기에 있어서의 채권최고액과 채무자

⑥ 전세권설정등기에 있어서의 전세금과 범위 및 존속기간

 * 소유권보존등기신청시 등기원인 및 날짜는 필요적 기록사항이다 ✕

87 등기필정보(등기필증)의 제공에 관한 설명 중 틀린 것은?

① 유증을 원인으로 하는 소유권이전등기를 신청할 경우에는 등기필정보를 제공해야 한다.

② 승소한 등기의무자가 판결에 의한 등기신청을 하는 경우에는 등기필정보를 제공해야 한다.

③ 판결에 의한 승소한 등기권리자가 소유권이전등기신청을 하는 경우에는 등기필정보를 제공해야 한다.

④ 소유권보존등기나 상속등기를 신청하는 경우에는 등기의무자의 등기필정보를 제공하지 않아도 된다.

⑤ 등기의무자의 등기필정보가 없을 때에는 등기의무자 또는 그 법정대리인이 등기소에 출석하여 등기관으로부터 등기의무자 등임을 확인받아야 한다.

88 등기관이 등기완료 후 등기필정보를 작성 및 통지하는 경우에 해당하는 것은?

① 관공서가 등기를 촉탁한 경우(가압류, 처분금지가처분등기 등)

② 등기관 직권에 의한 보존등기를 한 경우

③ 채권자대위권에 의한 등기신청한 경우

④ 승소한 권리자가 등기를 신청한 경우

⑤ 승소한 의무자가 등기를 신청한 경우

⑥ 국가 또는 지방자치단체가 등기권리자인 경우 등기필정보

⑦ 등기필정보를 전산정보처리조직으로 통지받아야 할 자가 수신이 가능한 때부터 3개월 이내에 전산정보처리조직을 이용하여 수신하지 않은 경우

89 등기를 하는 경우 검인 및 거래가액의 등기에 관한 설명 중 틀린 것은?

① 2006년 1월 1일 이후에 작성된 매매계약서를 원인증서로 하여 소유권이전등기를 신청하는 경우에는 거래가액등기를 하여야 한다.

② 등기원인이 매매라면 등기원인증서가 판결·조정조서 등 매매계약서가 아닌 때에는 거래가액등기를 하지 않는다.

③ 매매예약서를 등기원인증서로 제출하면서 소유권이전청구권보전 가등기를 하는 때에는 거래가액등기는 하여야 한다.

④ 이 경우 거래부동산이 2개 이상인 경우 또는 거래부동산이 1개라 하더라도 여러 명의 매도인과 여러 명의 매수인 사이의 매매계약인 경우에는 매매목록도 첨부정보로서 등기소에 제공하여야 한다.

⑤ 매매목록이 제출된 경우에는 등기부 중 갑구의 권리자 및 기타사항란에 매매목록 번호만 기록하고 거래가액은 기록하지 않는다.

⑥ 계약에 의한 소유권이전등기를 신청하는 경우에는 검인받은 계약서를 첨부정보로 제공하여야 한다.

⑦ 당초의 신청에 착오가 있는 경우 등기된 매매목록을 경정할 수 있다.

90 등기신청시 첨부하는 인감증명정보에 관한 설명으로 틀린 것은?

① 소유권의 등기명의인이 등기의무자로서 등기를 신청하는 경우 등기의무자의 인감 증명을 제공하여야 한다.

② 소유권 이외의 권리의 등기명의인이 등기의무자로서 등기필정보가 없어 그 대신에 소정의 확인정보 또는 공증서부본 등에 의하여 등기를 신청하는 경우 등기의무자의 인감증명을 제공할 필요가 없다.

③ 소유권에 관한 가등기명의인이 가등기의 말소등기를 신청하는 경우 가등기명의인의 인감증명을 제공하여야 한다.

④ 공정증서인 협의분할계약서에 의하여 상속등기를 신청하는 경우에는 상속인 전원의 인감증명을 제출할 필요가 없다.

⑤ 인감증명을 제출하여야 하는 자가 국가 또는 지방자치단체인 경우에는 인감증명을 제출할 필요가 없다.

91 등기신청의 각하사유에 해당되지 않는 것은?

① 신청할 권한이 없는 자가 신청한 경우(무권대리인의 등기신청, 의사무능력자의 신청 등)

② 신청정보의 제공이 대법원규칙으로 정한 방식에 맞지 아니한 경우

③ 등기에 필요한 첨부정보를 제공하지 아니한 경우(위조된 서류에 의한 신청)

④ 전세권양도금지특약이 있는 전세권설정등기를 신청한 경우

⑤ 등록세, 수수료 등 등기신청과 관련하여 다른 법률에 의하여 부과된 의무를 이행하지 아니한 등기신청

92 다음 중 등기법 제29조 2호(사건이 등기할 것이 아니한 때)에 해당하지 않는 것은?

① 등기능력 없는 물건(교량, 토굴) 또는 권리(유치권)에 대한 등기를 신청한 경우

② 법령에 근거가 없는 특약사항의 등기를 신청한 경우(=5년의 기간을 넘는 공유물분할금지약정의 등기, 지상권설정등기시 지상권양도금지 특약의 경우)

③ 구분건물의 전유부분과 대지사용권의 분리처분 금지에 위반한 등기를 신청한 경우

④ 수인의 포괄수증자 중 1인의 지분만의 소유권이전등기 신청

⑤ 저당권을 피담보채권과 분리하여 양도하거나, 피담보채권과 분리하여 다른 채권의 담보로 하는 등기를 신청한 경우

⑥ 소유권이전등기말소청구권을 보전하기 위한 가등기를 신청한 경우

⑦ 甲이 가지는 권리의 일부를 목적으로 임차권등기를 신청한 경우

93 **다음 중 등기법 제29조 2호(사건이 등기할 것이 아니한 때)에 해당하지 않는 것은?**

① 甲(갑)과 乙(을)이 공유한 건물에 대하여 甲(갑) 지분 만에 대한 소유권보존등기를 신청한 경우

② 공동상속인 甲(갑)과 乙(을)중 甲(갑)이 자신의 상속지분 만에 대한 상속등기를 신청한 경우

③ 乙 소유 부동산에 대하여 채권자 甲이 가압류등기를 신청한 경우

④ 이미 보존등기된 부동산에 대하여 다시 보존등기를 신청한 경우

⑤ 수인의 가등기권리자 중 1인이 신청하는 자기 지분만에 대한 본등기

⑥ 분묘기지권의 등기를 신청한 경우

⑦ 공유부동산의 절반을 목적으로 신청하는 저당권설정등기

94 **등기관의 처분 또는 결정에 대한 이의신청에 관한 설명 중 옳지 않은 것은?**

① 등기관의 결정 또는 처분에 이의가 있는 자는 관할 등기소에 이의신청서를 제출하는 방법으로 할 수 있다. * 이의신청은 관할 행정법원에 한다 ✕

② 이의신청은 구술이 아닌 서면으로 하여야 하며, 이의신청 기간은 제한이 없다.

③ 새로운 사실이나 새로운 증거방법을 근거로 이의신청을 할 수는 있다.

④ 이의에는 집행정지(執行停止)의 효력이 없다.

⑤ 각하 결정에 대해서는 등기신청인인 등기권리자 및 등기의무자에 한하여 이의신청할 수 있고 제3자는 이의신청 할 수 없다.

95 **등기관의 처분 또는 결정에 대한 이의신청에 관한 설명 중 옳지 않은 것은?**

① 등기관은 이의가 이유 없다고 인정하면 이의신청일부터 3일 이내에 의견을 붙여 이의신청서를 이의신청인에게 보내야 한다.

② 등기신청의 각하결정에 대한 이의신청은 등기관의 각하결정이 부당하다는 사유로 족하다.

③ 상속인이 아닌 자는 상속등기가 위법하다 하여 이의신청할 수 없다.

④ 관할 지방법원은 이의신청에 대하여 결정하기 전에 등기관에게 이의가 있다는 뜻의 부기등기를 명령할 수 있다.

⑤ 채권자가 채무자를 대위하여 경료된 등기가 채무자의 신청에 의하여 말소된 경우에는 채권자는 이해관계인으로 이의신청할 수 있다.

96 **전자신청등기(인터넷신청)에 관한 설명으로 틀린 것은?**

① 전자신청은 자연인으로서 부동산등기법에 따른 사용자등록을 한 경우(출입국관리법에 등록된 외국인 포함)와 법인으로서 상업등기법에 따른 전자증명서를 발급받은 경우에 할 수 있다. * 외국인은 아무런 제한 없이 모두 전자신청할 수 있다 ✕

② 전자신청의 경우, 인감증명을 제출해야 하는 자가 공인인증서정보를 송신할 때에는 인감증명서정보도 같이 송신을 요하지 않는다.

③ 사용자등록은 본인이 직접신청을 하고자 할 경우에 하는 것이므로 자격대리인에게 등기신청을 위임한 본인은 사용자 등록을 할 필요가 없다.

④ 변호사나 법무사와 같은 일정한 자격대리인이 아니더라도 자기사건이라면 상대방을 대리하여 전자신청을 할 수 있다.

⑤ 사용자등록의 유효기간은 3년이며, 유효기간 만료일 3월전부터 만료일까지는 그 유효기간의 연장을 신청할 수 있다. 횟수 제한은 없다.

* 전자신청의 취하나 보정은 전자신청으로 가능하나, 각하는 서면과 동일한 방법으로 한다 ○

⑥ 법인 아닌 사단 또는 재단(종중, 교회 등)은 전자신청을 할 수 없다.

97 **부동산 등기의 효력에 관한 설명으로 가장 옳지 않은 것은?**

① 같은 부동산에 관하여 등기한 권리의 순위는 법률에 다른 규정이 없으면 등기한 순서에 따른다.

② 등기의 순서는 등기기록 중 같은 구(區)에서 한 등기 상호간에는 순위번호에 따르고, 다른 구에서 한 등기 상호간에는 접수번호에 따른다.

* 갑구에서 한 등기의 순위는 순위번호 또는 을구에서 한 등기의 순위는 순위번호에 의한다 ✕

③ 말소회복등기의 순위와 효력은 종전의 순위에 따른다.

④ 소유권이전청구권보전 가등기의 순위가 저당권설정등기보다 우선순위이다.

⑤ 부기등기(附記登記)의 순위는 주등기(主登記)의 순위에 따른다. 다만, 같은 주등기에 관한 부기등기 상호간의 순위는 그 순서에 따른다.

98 부동산 등기의 효력에 관한 설명으로 틀린 것은?

① 등기된 부동산에 대하여 점유의 추정력은 인정되지만 점유적 효력은 인정되지 않는다.

② 권리의 추정력은 갑구, 을구의 권리 등기에만 인정되고 표제부에는 인정되지 아니한다.

③ 乙의 토지에 甲 명의의 소유권이전등기 청구권보전을 위한 가등기가 있더라도 甲은 소유권이전등기를 청구할 정당한 법률관계가 있다고 추정되지 않는다.

④ 토지 소유권 보존등기의 명의인도 소유자로 추정되나, 당해 토지를 사정(査定) 받은 사람이 따로 있음이 밝혀진 경우에는(타인의 소유였음이 판명된 경우에는) 추정력이 깨어진다.

⑤ 소유권이전등기는 전 소유자에 대해서도 적법한 원인에 의하여 소유권을 취득한 것으로 추정된다.

99 등기부에 관한 설명으로 틀린 것은?

① 폐쇄한 등기기록은 영구히 보존해야 한다.

② A토지를 B토지에 합병하여 등기관이 합필등기를 한때에는 A토지에 관한 등기기록을 폐쇄한다.

③ 등기부부본자료는 등기부와 동일한 내용으로 보존기억장치에 기록된 자료이다.

④ 구분건물등기기록에는 표제부를 1동건물에 두고 전유부분에는 갑구, 을구만 둔다.

⑤ 폐쇄등기부에 기록된 사항에 관하여서는 경정등기를 신청할 수 없다.

⑥ 등기관이 등기를 마쳤을 때는 등기부부본자료를 작성해야 한다.

100 등기사항의 열람과 증명에 관한 설명이다. 옳지 않은 것은?

① 등기사항증명서 발급신청시 매매목록은 그 신청이 있는 경우에만 등기사항증명서에 포함하여 발급한다.

　* 공동담보목록, 매매목록, 신탁원부, 도면 또는 매매목록은 등기부는 아니지만 등기부의 일부로 보는 것이므로 등기기록의 열람신청을 하면 당연히 포함하여 열람할 수 있다. (×)

② 구분건물에 대한 등기사항증명서의 발급에 관하여는 1동의 건물의 표제부와 해당 전유부분에 관한 등기기록을 1개의 등기기록으로 본다.

③ 등기신청이 접수된 부동산에 관하여는 등기관이 그 등기를 마칠 때까지 등기사항증명서를 발급하지 못한다. 다만, 그 부동산에 등기신청사건이 접수되어 처리 중에 있다는 뜻을 등기사항증명서에 표시하여 발급할 수 있다.

④ 등기소에 보관 중인 등기신청서는 법관이 발부한 영장에 의해 압수하는 경우에도 등기소 밖으로 옮기지 못한다.

　* 등기부는 법관이 발부한 영장에 의해 압수하는 경우에도 등기소 밖으로 옮기지 못한다.

⑤ 등기부(폐쇄등기부), 공동담보목록, 매매목록, 신탁원부, 도면은 영구(永久)보존하여야 한다.

　* 제공된 신청정보와 첨부정보는 영구보존하여야 한다.× 【알기】 ~ 부(夫)

⑥ 누구든지 수수료를 내고 등기기록에 기록되어 있는 사항의 전부 또는 일부의 열람과 이를 증명하는 등기사항증명서의 발급을 청구할 수 있다. 다만, 등기기록의 부속서류에 대하여는 이해관계 있는 부분만 열람을 청구할 수 있다.

　* 등기원인을 증명하는 정보에 대하여는 이해관계 있는 부분만 열람을 청구할 수 있다 ○

⑦ 등기사항증명서의 발급이나 열람 시에 개인 및 법인 아닌 사단이나 재단의 대표자는 등록번호 뒤 7자리를 공시하지 아니할 수 있다.

수고하셨습니다,
'나는 반드시 합격한다'
꼭 합격하시길 기도드립니다♥

1	2	3	4	5	6	7	8	9	10
③	③	④	⑤	②	③	①	⑤	①	⑤ (ㄱㄴㄷㄹ ㅁㅂㅇ)

11	12	13	14	15	16	17	18	19	20
⑤	⑤⑥	②⑥	① (ㄷㅅ)	③	⑤	⑤	③	③	③

21	22	23	24	25	26	27	28	29	30
②	③	⑤	①	④⑧	⑥	①	⑥	⑤	②

31	32	33	34	35	36	37	38	39	40
③	③⑦	①	③	②	④	③⑥	①	④	④

41	42	43	44	45	46	47	48	49	50
⑤⑥⑦	⑤	④	④	③ (ㅅㅇㅈㅊ)	⑤	⑤	①	④	②⑥

51	52	53	54	55	56	57	58	59	60
⑤	③	②	④	④	④	②	⑤⑦	⑤	③

61	62	63	64	65	66	67	68	69	70
④	②⑥	①	①	②	②	③	③	④	⑤

71	72	73	74	75	76	77	78	79	80
①⑥	⑤	②	⑤	② (ㄴㄷㅇ)	③	⑥	⑤	⑤	④

81	82	83	84	85	86	87	88	89	90
②	⑤	②	⑤	②	⑤	③	④	③	②

91	92	93	94	95	96	97	98	99	100
④	④	⑤	③	①	④	④	①	②	④

제35회 공인중개사 시험대비 **전면개정판**

2024 박문각 공인중개사
강철의 파이널 패스 100선 2차 부동산공시법령

초판인쇄 | 2024. 8. 1. **초판발행** | 2024. 8. 5. **편저** | 강철의 편저
발행인 | 박 용 **발행처** | (주)박문각출판 **등록** | 2015년 4월 29일 제2019-000137호
주소 | 06654 서울시 서초구 효령로 283 서경 B/D 4층 **팩스** | (02)584-2927
전화 | 교재 주문 (02)6466-7202, 동영상문의 (02)6466-7201

저자와의
협의하에
인지생략

정가 18,000원
ISBN 979-11-7262-158-2